思想的・睿智的・獨見的

經典名著文庫

學術評議

策劃 楊榮川

五南圖書出版公司 印行

經典名著文庫

學術評議者簡介（依姓氏筆畫排序）

- 丘為君　美國俄亥俄州立大學歷史研究所博士
- 吳惠林　美國芝加哥大學經濟系訪問研究、臺灣大學經濟系博士
- 宋鎮照　美國佛羅里達大學社會學博士
- 林玉体　美國愛荷華大學哲學博士
- 邱燮友　國立臺灣師範大學國文研究所文學碩士
- 洪漢鼎　德國杜塞爾多夫大學榮譽博士
- 孫效智　德國慕尼黑哲學院哲學博士
- 秦夢群　美國麥迪遜威斯康辛大學博士
- 高明士　日本東京大學歷史學博士
- 高宣揚　巴黎第一大學哲學系博士
- 張光宇　美國加州大學柏克萊校區語言學博士
- 張炳陽　國立臺灣大學哲學研究所博士
- 陳秀蓉　國立臺灣大學理學院心理學研究所臨床心理學組博士
- 陳思賢　美國約翰霍普金斯大學政治學博士
- 陳清秀　美國喬治城大學訪問研究、臺灣大學法學博士
- 陳鼓應　國立臺灣大學哲學研究所
- 曾永義　國家文學博士、中央研究院院士
- 黃光國　美國夏威夷大學社會心理學博士
- 黃光雄　國家教育學博士
- 黃昆輝　美國北科羅拉多州立大學博士
- 黃政傑　美國麥迪遜威斯康辛大學博士
- 楊維哲　美國普林斯頓大學數學博士
- 葉海煙　私立輔仁大學哲學研究所博士
- 葉國良　國立臺灣大學中文所博士
- 廖達琪　美國密西根大學政治學博士
- 劉滄龍　德國柏林洪堡大學哲學博士
- 黎建球　私立輔仁大學哲學研究所博士
- 盧美貴　國立臺灣師範大學教育學博士
- 薛化元　國立臺灣大學歷史學系博士
- 謝宗林　美國聖路易華盛頓大學經濟研究所博士候選人
- 簡成熙　國立高雄師範大學教育研究所博士
- 顏厥安　德國慕尼黑大學法學博士

經典名著文庫186

康德論教育

康德(Immanuel Kant)著
賈馥茗、陳寶山、黃漢昌、游振鵬、吳美瑤 合譯

經典永恆・名著常在

五十週年的獻禮・「經典名著文庫」出版緣起

總策劃 楊榮川

五南，五十年了。半個世紀，人生旅程的一大半，我們走過來了。不敢說有多大成就，至少沒有凋零。

五南忝爲學術出版的一員，在大專教材、學術專著、知識讀本出版已逾壹萬參仟種之後，面對著當今圖書界媚俗的追逐、淺碟化的內容以及碎片化的資訊圖景當中，我們思索著：邁向百年的未來歷程裡，我們能爲知識界、文化學術界做些什麼？在速食文化的生態下，有什麼值得讓人雋永品味的？

歷代經典・當今名著，經過時間的洗禮，千錘百鍊，流傳至今，光芒耀人；不僅使我們能領悟前人的智慧，同時也增深加廣我們思考的深度與視野。十九世紀唯意志論開創者叔本華，在其〈論閱讀和書籍〉文中指出：「對任何時代所謂的暢銷書要持謹慎的態度。」他覺得讀書應該精挑細選，把時間用來閱讀那些「古今中外的偉大人物的著作」，閱讀那些「站在人類之巔的著作及享受不朽聲譽的人們的作品」。閱讀就要「讀原著」，是他的體悟。他甚至認為，閱讀經典原著，勝過於親炙教誨。他說：

「一個人的著作是這個人的思想菁華。所以，儘管一個人具有偉大的思想能力，但閱讀這個人的著作總會比與這個人的交往獲得更多的內容。就最重要的方面而言，閱讀這些著作的確可以取代，甚至遠遠超過與這個人的近身交往。」

為什麼？原因正在於這些著作正是他思想的完整呈現，是他所有的思考、研究和學習的結果；而與這個人的交往卻是片斷的、支離的、隨機的。何況，想與之交談，如今時空，只能徒呼負負，空留神往而已。

三十歲就當芝加哥大學校長、四十六歲榮任名譽校長的赫欽斯（Robert M. Hutchins, 1899-1977），是力倡人文教育的大師。「教育要教眞理」，是其名言，強調「經典就是人文教育最佳的方式」。他認為：

「西方學術思想傳遞下來的永恆學識，即那些不因時代變遷而有所減損其價值的古代經典及現代名著，乃是眞正的文化菁華所在。」

這些經典在一定程度上代表西方文明發展的軌跡，故而他爲大學擬訂了從柏拉圖的《理想國》，以至愛因斯坦的《相對論》，構成著名的「大學百本經典名著課程」。成爲大學通識教育課程的典範。

歷代經典·當今名著，超越了時空，價値永恆。五南跟業界一樣，過去已偶有引進，但都未系統化的完整舖陳。我們決心投入巨資，有計劃的系統梳選，成立「經典名著文庫」，希望收入古今中外思想性的、充滿睿智與獨見的經典、名著，包括：

- 歷經千百年的時間洗禮，依然耀明的著作。遠溯二千三百年前，亞里斯多德的《尼各馬科倫理學》、柏拉圖的《理想國》，還有奧古斯丁的《懺悔錄》。
- 聲震寰宇、澤流遐裔的著作。西方哲學不用說，東方哲學中，我國的孔孟、老莊哲學，古印度毗耶娑（Vyāsa）的《薄伽梵歌》、日本鈴木大拙的《禪與心理分析》，都不缺漏。
- 成就一家之言，獨領風騷之名著。諸如伽森狄（Pierre Gassendi）與笛卡兒論戰的《對笛卡兒沉思錄的詰難》、達爾文（Darwin）的《物種起源》、米塞斯（Mises）的《人的行爲》，以至當今印度獲得諾貝爾經濟學獎阿馬蒂亞·

森（Amartya Sen）的《貧困與饑荒》，及法國當代的哲學家及漢學家余蓮（François Jullien）的《功效論》。

梳選的書目已超過七百種，初期計劃首爲三百種。先從思想性的經典開始，漸次及於專業性的論著。「江山代有才人出，各領風騷數百年」，這是一項理想性的、永續性的巨大出版工程。不在意讀者的眾寡，只考慮它的學術價值，力求完整展現先哲思想的軌跡。雖然不符合商業經營模式的考量，但只要能爲知識界開啓一片智慧之窗，營造一座百花綻放的世界文明公園，任君遨遊、取菁吸蜜、嘉惠學子，於願足矣！

最後，要感謝學界的支持與熱心參與。擔任「學術評議」的專家，義務的提供建言；各書「導讀」的撰寫者，不計代價地導引讀者進入堂奧；而著譯者日以繼夜，伏案疾書，更是辛苦，感謝你們。也期待熱心文化傳承的智者參與耕耘，共同經營這座「世界文明公園」。如能得到廣大讀者的共鳴與滋潤，那麼經典永恆，名著常在。就不是夢想了！

二〇一七年八月一日 於

五南圖書出版公司

導讀

一、認識康德和他的教育主張重點

康德出生在普魯士寇尼斯堡，父親是來自蘇格蘭的做馬具的工人，母親是當地人。他是父母十一個子女中的第四個，但卻是第一個最年長而接受教育的。他八歲入拉丁小學，即愛好拉丁文和羅馬哲學家及詩人的著作。

一七四〇年進入寇尼斯堡大學修習神學，卻愛好數學和物理。一七四四年發表第一篇著作，名爲動力。此後即決心從事學術研究。因未曾得到大學教職，受經濟影響，只得出任家庭教師。自一七四六至一七五五年歷任三家教師，由此也進入有影響力的社會關係中，有了社會地位，也遊歷了一些地方。

一七五五年得到親屬的幫助，完成大學學位，得任寇大額外講師。此後提出的論文有：火，形上知識的第一原則，形上自然哲學與幾何學之利益等。此後又講授數學與物理，發表了有關人種、風的性質、地震的原因、天論等科學論述，並又涉入邏輯、形上學、道德哲學。且又利用暑假期間教授物理與地理，講述幽默風趣，生動活潑，兼及英法文學、旅遊知識、地理、哲學、科學等，這項教學工作繼續了三十年，可見受歡迎的程度。

一七七〇年任邏輯及形上學首席教授，其論文爲〈論感知世界的形式與原則〉。此後曾六任哲學院院長及兩任校長。

康德身材矮小，但善於養生，生活規律，每天必然定時散步，這個時間，成了附近居民校對時間的標準。其間只有幾天例外，康德未曾出來散步，因爲他收到了盧梭的《愛彌兒》那本書，看得不忍釋手，而未去散步。

康德是德國的大哲學家，他的哲學稱爲批判哲學，和法國的笛卡爾、英國的洛克，爲哲學思想的三大系統。

康德和許多早期的哲學家一樣，在哲學主張中，也提出了教育主張。他的主張中，固然表現了自己的見解，卻是針對當時德國的教育狀況而說的。

首先，從總體方面說，康德認爲人類是世界上唯一需要教育的，因爲人從出生以後就需要保育、訓練或教養，還要加上培植，是由於人的幼稚期特別長，出生後不會立即獨立生活，而人類的生活又十分複雜，沒有保育、訓練或教養以及培植，不但幼年無法生長，長大後也無能生活；尤其人需要發展理性，這是要靠成人幫助的，幫助幼兒成爲獨立生活的人的活動，就是教育。

初生的嬰兒需要保育，是人盡皆知的，不過要注意的一件事是；餵食嬰幼兒千萬不可准其邊吃邊玩，更不可、也不必一定要他把所有的東西吃完，因爲餓了要吃是本能，飽了自然停止，不必勉強。做父母的多半怕餓著孩子，常常強要孩子吃完準備的東西，事實上大可不必。

至於訓練或教養，則是教育的一大課題。因爲幼兒無知無識，而又愛好活動，在人類創造的人文社會環境中，既不適合，又有危險，所以成人、特別是父母或褓母，要教導幼兒一些行動規範，禁止盲動或躁動。行動規範的意義，一則避免幼兒受到傷害；一則使幼兒知道生活中有法紀，不可無法無天，以奠定日後守法守紀的基礎。

父母要注意的是：幼兒對人文社會的狀況一無所知，卻有愛好活動和自由的天性，往往任意活動。有些活動是生長發展所必須的，藉以練習體能；有些則是有害或危險的，不能隨便嘗試。前者可以聽其活動，後者則必須加以禁止。那麼對後一類活動，就必須教孩子聽話，即是必須服從。教育中的訓練或教養，聽任、指導或禁止是相並而行的。不過對幼童發出禁止的命令時，要注意三件事：第一、禁止的命令應該是必須的，不可隨著自己的好惡亂發；第二、一個禁止的命令發出後，自己要記住，即是無論任何時候這個活動再出現，便要禁止，要前後一致，使兒童知道這個活動是不許的，養成兒童自己控制自己的習慣，直到同樣的活動不再出現，一個好習慣才算養成；第三、禁止兒童不當的活動時，命令要簡單明瞭，切忌囉嗦，更勿通前到後的數說他所有的不是。只教導兒童一件事時，應該只針對這件事說，長篇大套的說教，使兒童厭煩，反而不肯聽了。

在培養兒童控制自己活動的時候，要讓他知道是爲了他好，是防止他受到傷害，並不是成人要表現自己的威風。養成了服從正當命令的習慣和觀念，進入學校後，才會服從教師，和同學和睦相處，從此知道了處世的道理，並知道自己要爲自己的行動負責，這是日後做公民的基本條件。

在培養正當行爲習慣的同時，還要培養禮貌。禮貌不但是處世必須的，也是培養品格和人格的重要條件。因爲禮貌所表示的是謙恭和氣，這是人人都喜歡的表現。我們每天都會碰到很多人，總喜歡碰到的人謙和有禮，有誰願意別人對自己橫眉豎目的惡言相向呢？所以要培養兒童進退有禮，行動文雅，輕聲細語，特別要避免高聲大叫或亂跑亂跳。

康德絕對主張人有理性，這是人特有的稟賦。不過理性是要在後天才能發展出來，教育的必須就在此。人的理性中含著智慧，而智慧的最高表現在道德。康德認爲人有與生俱來的道德義務；首先是對自己的義務，即是要在人文社會中做一個好人或公民。好人的最低限度是對自己的言語行動負責，不做傷害別人的事；公民是守法守紀，要做對國家和大眾有益的事。那麼就要按照生長和發展的程序，學習和練習，增加知識和技能。因而就要一方面做自己應該做的，即使是自己不想做或不願意做的，也要勉強去做。另一方面要不做自己不應該做的，即使自己想要做或願意做，也要控制自己不去做。到了這個地步，可以說是具備了知識和道德。

從這本書裡，我們可以瞭解康德多麼重視教育。他把幼年教育看得最重，這時的教育責任在家長。然而人的常情是：父母愛子女本是天性，有時不免姑息，甚至把孩子的不當表現當做聰明或有趣，反而縱容或鼓勵了他。做父母的如果有一次如此，便給孩子留下了不良印象；倘若常常如此；便成了非常錯誤的教育，而成了寵愛，以致慣壞了他。這樣的孩子，養成不願意聽別人話的習慣，成了任性妄爲，無法無天的人。所以制止或管教，乃是必須的。

可能有人以爲制止兒童的行爲，等於妨礙兒童的自由，所以不肯應用。這乃是錯誤的說法。試看動物如何教導牠們的小動物：在有危險的時候，強迫牠們留在窩裡，不許出去，難道不是禁止嗎？動物只有本能的保護行爲，人則要更進一步，教兒童學習做好孩子。父母都希望子女成爲好人，制止他們不好的行動，乃是保護他們。

人類的確有愛好自由的傾向，但是自由不等於任意妄爲。人的理性使人有判別是非善惡的心，「是」和「善」是人所要依從的，就是所說的「對」或「好」。於是人就有了好人或壞人之別。兒童懂事以後，常常問這是好人或壞人，而尊敬好人，討厭壞人，就是這種天性的表現。要做好人就要做好事而不做壞事，就要自己來判斷，更要自己控制自己不做壞事。表面看來，似乎人沒有做壞事的自由，其實做不做是自己決定的，正是自己的自由。所以對自由要做正確的解釋，要有正確的觀念。康德認爲人要追求心靈的自由，而心靈的自由則是獨立，是不需要別人幫助，能夠自己判別是非善惡，從善去惡。兒童討厭壞人的觀念要鼓勵，並要使兒童下決心不做壞人，這是幼年教育最重要的一點。

另一點要注意的是懲罰的問題，兒童做錯了事是否要懲罰？首先要明白懲罰不是打罵，不是所說的體罰。懲罰是對錯誤的糾正方式，是要使犯錯的人知錯。康德以爲若兒童不聽話，大人也可以用不聽他的話來對待他，像取消答應了給他的東西之類。使兒童知道不聽別人的話時，別人也會不聽他的話。知道人和人之間，是相互對待的，才會明白「不可有己無人」。

康德也認爲訓練是消極的，但卻是幼兒所需要的。印證行爲主義的說法，增強好的行爲，消除壞的行爲，就是訓練行爲的方法。不過康德同時也主張，在消極的訓練之外，還要教導，教導就是積極的，兩者必須同時並用。

康德並不滿意當時德國的學校教育，認爲學校教育要實驗、要改進、要努力啟發人的智慧才能。他相信人的天賦才能還未充分發展出來，因而還要繼續努力改進教育。同時他也認爲家長一味的趨向時尚，不管世界壞到什麼樣子，還是教孩子只適合當前的狀況。他在幾個世紀之前的觀點，到今天我們還得承認是對的。

二、保育要點

自然界的生物，尤其是動物，多數是一出生或出生不久就具備在自然環境中生存的條件，一旦體能發展成熟，便可以自由的在大自然中求生存，而且多數也就終止了親子關係，只服膺自然所賦予的本能而生活，除了維持生命的需要，沒有多餘的要求。人則不然，從完全沒有動作能力的剛出生嬰兒，到自己能夠穩定的行動，在整個生命歷程中，幼稚期很長，無法獨立生活，必須依賴成人（父母或親長）的保育、訓練或教養，教育就成了人類獨有的活動。

康德是德國的哲學家，和許多早期的哲學家一樣，非常重視教育，也提出教育的主張，認爲人類是世界上唯一需要教育的，他把幼年教育看得最重，而幫助幼兒成爲獨立生活的人的活動，就是教育。成長既然是幼小的一代必須經過的歷程，那麼用教育來使幼小的一代成長，則是成人或上一代的責任。父母基於成人的責任和對子女的親情而教育子女；教師則基於專業責任而教育學生，其最終的目的，是期望兒童和青年能適當的成長。

嬰兒保育通常是照顧及餵食，這是父母或褓母的工作。母乳對嬰兒有益無害，在哺乳期間，母親或褓母最好肉食，嬰兒的養育端賴乳母之健康，而最適合乳母的飲食也最符合嬰兒。刺激性的東西，如酒、香料、鹽等不能給嬰兒，因爲刺激物引起快感，促進尚未發展的食慾，對神經過早的刺激是許多疾病的原因，因此幼兒應該少進劇烈的飲食，以免削弱體質。另外，必須注意嬰幼兒不需穿得太暖，習慣冷能使其強壯，讓小孩睡涼硬的床、洗冷水澡是好事。

幼稚期的教育是消極的，只需順著造物使之適當的實現即可，因此應摒棄包裹嬰兒和搖晃嬰兒的習慣，避免用扶手索及學步車教幼兒學習走路，容許小孩自由伸展四肢，讓幼兒從爬行到漸次學習走路，用雙手這個自然的工具來穩定自己，爲了防止地上雜物的傷害，可以鋪一張毛毯，以防止跌倒受傷。對天生殘疾的孩子，最好讓他自由運動，學習運用四肢來保持身體的姿勢，以免一取下支撐，反而更加羸弱。

習慣是喜悅或行動不斷重複的結果，一個人形成的習慣愈多，也就失去更多的自由與獨立。早年生活中所習慣的事物，對人的一生都有誘惑，一旦孩子學會了香菸、白蘭地、辣味等高刺激性東西，便容易上癮，反覆使用會使身體器官產生改變，要他們戒除將非常困難，戒除初期還會導致生理失調，所以必須避免兒童形成任何不良習慣，更不應該保留那些習慣。

康德認爲性格訓練，也稱爲保育，但訓練不是屈辱。成人不要一概拒絕兒童的請求，藉以鍛鍊其忍耐力，應該儘量應允孩子的合理要求，使其變得心胸開闊，因爲不用哭鬧來煩擾別人，每個人都會和善對待他，讓兒童意識到自己的自由，如果妨礙別人的自由，或藉哭鬧來強求敲詐時，就會遭到反對。孩子的寵溺始於以哭來達到目的，除非孩子已被寵壞，沒有改變他們意念的必要。

教養方法，對人格的發展，有極大的影響力。許多心理學家相信，兒童在出生後五年內的經驗，最能影響其日後人格的發展；若家庭生活中充滿了一致、民主或相互信賴，兒童便不會形成反抗及負疚感的人格特質。嬰兒期所需要的，是成人「適當的」愛心撫養與關切，以建立正當的行爲習慣。但成人往往用欺騙瞞哄嬰兒，用威嚇制止嬰兒啼哭。因此康德告誡父母：讓孩子從心所欲是縱容他們，故意挫折他們更是完全錯誤的教養方式。不要在處罰孩子之後，立即表示親近，以免教孩子掩飾與作假；也不要時常與孩子戲耍、撫弄，以免他們變得愛騙人而又自我中心。

人是情感的動物，溫馨的親情孕育是日後心理健全和快樂的基礎。依康德的教育觀點來說，兩歲之前的幼兒，處於幾乎完全無助的狀況，需要保育，一切生活的需要，都有賴於成人的供應。如果成人不能事事「即刻」有求必應，這無助的幼小生命除了用哭表示其「不適」之外，大概只有等待。他們哭，如果是不舒服時，應該立即前去照顧；若僅因發脾氣而哭，就相應不理，這樣嬰幼兒所受的挫折是相當自然的，純粹是消極的，自然的拒絕使他溫順。有些人相信讓兒童對想要的東西多等些時間是教他們有耐心，這幾乎是不需要的，因爲等待的感受是「冷酷」、「茫然」和「被遺棄」的痛苦，由此而發展出睡眠或麻木以致遲鈍的適應力，將會減低幼小生命對「溫馨喜悅—愛」的體驗，從而衍生出「冷漠無情」。

父母愛子女是出自天性，有時不免姑息，甚至疏忽，因而縱容或鼓勵了孩子的不當表現，如果經常如此，而成了寵溺，以致慣壞孩子，讓他養成任性妄爲的驕縱，便成了非常錯誤的教養方式。康德論教育雖是針對當時德國的教育狀況而說的，但其基本保育觀念卻是值得我們爲人父母者參考。

三、培植要點

以下導讀的範圍是康德教育論的第三章「Von der physischen Erziehung」，主要談幼兒期的身體教育，本書譯爲「培植」，蓋在嬰兒的「保育」之後，緊接著應是幼兒的「培植」，以學習時段而論，大體涵蓋幼稚園和小學階段。

本章雖然只有五條要點，卻是兒童發展期間極重要的部分，其中不只談到體能訓練，更有心智訓練甚至創造思考訓練，許多我們行而不覺、習而不察的遊戲活動，在康德簡短而敏銳的提示中，無不充滿了教育意義與教學啟發。

康德對兒童教育的重點提示是：「培養（兒童）天生的能力」，也就是說，要讓孩子的體能、感官與心智能力得到充分的發展。這句話聽來平淡無奇，其實意義深刻。

首先它挑戰了家長、老師們視爲理所當然的兒童教育觀：小孩要學走路，需要學步車嗎？要測距離，需要量尺嗎？要辨方位，需要羅盤嗎？要渡水過河，需要船嗎？至少，大家不是都這樣子做嗎？

康德對於「大家」的做法予以否定，因爲人不必靠學步車就能學會走路，人可以藉由目測來掌握距離，看太陽的位置就可以推斷時間，看日月星辰就可以辨別方向，游泳就可以過河。如果過分依賴別人發明的工具，不但人天生的感官能力無法得到適當的培養，同時也損傷了人的創造力，因爲「人」本來就能創造器物。

一般父母往往過於疼惜小孩，怕他冷、怕他摔，照顧得無微不至，其實愛之適以害之。康德認爲：父母與其花時間在預防孩子受傷，不如花時間教導孩子，讓他有能力自我照顧；簡單的說，買魚給他，不如教會他釣魚。父母應該鼓勵孩子多作體能訓練，舉凡攀爬跑跳、搬運拉扯、奮力投擲，都是値得鼓勵的運動。

那些沒有運動習慣的父母，本身可能會限制孩子運動、成長的機會；有些父母過度愛乾淨，甚至以潔癖自豪，不准孩子弄髒手腳、衣服、鞋襪，常把小孩梳理得像要上電視廣告賣痱子粉、沐浴乳的模樣，父母雖然沾沾自喜，孩子卻逐漸被迫成爲飼料雞。

康德認爲在兒童的運動中，球類特別有益，因爲它可以訓練肢體動作，尤其是眼力。康德與盧梭一樣，極爲強調對場所、地區方位的訓練，也就是Howard Gardner所說的「空間智能」（space intelligence），這對於教授童軍訓練，或九年一貫課程「綜合課程」領域的老師，可有相當的啟發。

被許多人視爲普通，一些成人可能視爲幼稚的兒童遊戲——捉迷藏——在康德眼中，似有極深的教育意涵。他懷疑捉迷藏這種遊戲「似乎就是想知道如果少了一種器官要怎麼辦」，當前講「生命教育」的老師，似也可以藉由捉迷藏或類似遊戲，讓學生體驗盲人的生活，引導學生對視障、聽障、智障乃至所有殘障人士的關懷，讓學生能珍惜自己所擁有，並關懷弱勢團體。

康德對於「抽陀螺」這遊戲似乎頗感興趣，他認爲玩陀螺應不限於小孩，對大人也是有益的，不但可以誘發成人的深思，甚至能激發重大的發明。他指出有一位英國船長曾發明一種鏡子，可以測量星辰的高度，就是源自於陀螺的啟示。如此看來，講授鄉土教學的老師如果引導得當，則陀螺、天燈、風箏等遊戲，似乎都可能對學生有極大的啟發。

康德也談到音樂。但他似乎不喜歡音樂過於吵雜，所以孩子吹吹蘆笛倒也罷了，若是喇叭、大小鼓等大音量的樂器，他都認爲「不足取」。他不會欣賞朱宗慶的打擊樂團，似乎是可想而知，或許算康德個人的偏好吧！

康德賦予遊戲極高的價值，它不是只爲了尋樂或打發時間，更重要的是：遊戲就是兒童的「工作」，老師或父母藉由遊戲，一面訓練體力、技能，一面培養勤奮工作的態度，畢竟人不只是一個「個人」，他還必須是一個「社會人」，康德認爲：幼兒教育要能教導孩子「自信而不魯莽，坦誠而不失禮」，這是作爲一個社會成員必須具備的德行。

康德在本章中，雖只談了短短的五條，其意義卻極爲深遠，值得我們深思。

四、心靈的培養

康德關於「心靈的培養」這一部分，對於學校教育而言，具有相當程度的啟發性。首先，康德指出，心靈的培養可分自由（free）及學術（scholastic）二者；前者涉及遊戲，而後者關乎自由。不過，此二者是可以緊密結合的，即所謂的戲耍中有莊重（playful seriousness）及莊重的戲耍（serious playfulness），亦即我們常說的「寓教於樂」。因爲平日的學校教育中，學生往往有「身不由己」的感覺：明明不喜歡數學，卻幾乎每天都得上數學；每個學生本來就有其習慣的作息方式，卻非得接受學校的安排，乖乖的坐在教室裡不可；讀國文時有自己對課文的「詮釋」方式，但考試時卻一定要寫出「標準答案」……凡此種種，都有可能成爲學生學習的陰霾，甚至開始排斥學科、教師、學校。教師在教學過程中，常會面對類似的情形，此時就需調整自己的認知與教學方式，將課程轉化爲新穎有趣且與學生熟悉的經驗相結合的內容，讓學生以遊戲的心情，悠遊於浩瀚的書海當中，啟發其好奇心，開發其創造力、想像力，這樣才會有持續的學習動機。

其次，康德認爲，爲了培養理解能力，每件事都要有規則，區別這些規則在心智上非常有用，如此使得瞭解不僅是機械式的，而且是有意的遵循法則；如果我們記住這些規則，即使忘了它們的用處，還可以很快想出自己的用法來。康德的這一段話，提醒教師在教學時，不應只教些枝枝節節的東西，也不能要學生死記一些片段的知識。反之，教師宜將零碎的知識統整爲對學生有意義的內容，且能執簡馭繁、化零爲整，使學生能迅速掌握重點，記住所學知識的關鍵點。同時，要學生記憶所學內容之前，應先使其理解，不但要知道「是什麼」，也需瞭解「爲什麼」，如此一來，即便日後遺忘了，還可以或多或少推知一些內容。例如在教英文文法時，憑筆者的教學經驗，若僅教文法規則，就要學生死記，而不告知該文法的來龍去脈，又怎能奢求學生活用？所以，筆者在教學時，不是先命令學生背文法規則，再讓其應用這些規則；反之，筆者先讓學生理解這些規則，然後讓其從實際練習當中，逐漸熟悉該規則。

最後，康德主張，不應鼓勵孩子老是在推理，亦不該老在孩子面前對他們缺少概念的事物推理；最佳的瞭解方式便是去做，學得最徹底、記得最清楚的即是自己教自己所得的。由此可知，對國、中小學生而言，教學內容不宜過度抽象，或僅重視理論層面；相反的，教師宜注重學生的實作，讓其從實際的體驗當中，獲得樂趣，也得到知識，藉由此種途徑所習得的知識，方能歷久彌新。同時，教師在使學生記憶之前，最好能讓其充分理解之後，以自己的話重述一遍，如此才是眞正學到知識。

五、**道德陶冶要點**

在道德陶冶方面，康德認爲，使兒童眞正認識道德的原則，才能對其品格的形成產生影響。對康德而言，道德陶冶不是訓練或遵守紀律而已，道德是神聖而崇高的，道德陶冶必須以「箴言」（勸勉規戒的言詞）爲基礎，讓兒童依循「箴言」行事，並從中瞭解「箴言」的道理，這樣一方面可以防止兒童養成惡習；另一方面也可以培養他們的心靈學會思考，能夠瞭解道德原則背後眞正的道理。

康德認爲，在道德教育中首先要努力的是品格的形成，其中有三項品格的特徵是必須培養的，即：服從、誠實和合群。在這個部分，康德澄清並說明了一般人未徹底瞭解的觀念，並指出培養兒童品格的一些重要原則，譬如：依循規則行事並遵守到底，雖然表面上看似迂腐，但長遠看來卻有助於品格的形成。在培養兒童服從的特質時，讓兒童領會其應有的本分，有助於其日後能克盡職責或義務。此外，康德也提到面對兒童的不誠實時應該注意的事項、懲罰的方式、適用的時機及原則，以及教導兒童言行舉止應該適合於他們的年齡等。在培養孩子的群性方面，康德提醒教師，若特別喜歡某個兒童，應是依據其品格而不是依據其才能，否則容易引起同儕之間的嫉妒；同時，讓孩子在遊戲中輕鬆自在的比賽，有助於其心靈的開展。

六、實際的教育

在「實際的教育」方面，康德認為主要包括三個部分，即：技巧、有效運用技巧的智慧和道德。在這章中，他區分並舉例說明一些人們經常誤解的觀念和作法，並提出一些具體的建議來，譬如：在品格培養方面，康德重視自我克制及意志力的培養，他認為學習忍耐和克制、堅持到底做一件事等特質，對於一個人的品格形成是有幫助的；在學習方面，知道得少但徹底，比知道得多卻膚淺要好，因為從長遠看來，知道得徹底，日後才能看出膚淺知識的淺薄；此外，他也主張透過教義答問的方式來養成兒童的個性，並舉實例說明兒童應學習先盡責任才能慷慨。

在本章最後，康德談到他對宗教教育、青少年性教育及個人的自尊和價值感的建立等看法。康德認為，只有人心目中存著人的觀念、人的尊嚴，才能反求諸己，才能有助於年輕人度過人生中的轉捩期。

在宗教教育方面，康德認爲必須將宗教與道德接連在一起，否則宗教只會成爲一種迷信或邀寵，如果宗教不加上道德的正直良心，就沒有作用；因此，對康德而言，道德必須在前，神學在後，這才是宗教。在教導年輕人宗教概念之前，首先應讓他們認識自己、認識世界，並從中認識自然的法則，進而才能瞭解神的法則。

此外，康德認爲在年輕人進入成年人的時期，在生理上，性的發展使年輕人多了一層迷障，因而師長必須與他們談論這方面的事，不需隱瞞，但要引導他們超脫這方面的衝動，並及早學習對異性的尊重。

整體而言，康德在道德陶冶或實際的教育方面都主張必須讓兒童自己本身去瞭解、領悟到他做爲一個人所應盡的義務、責任和行爲，才能在教育的過程中使一個孩子發展成爲一個完整的人。對家長或教師而言，在教導兒童的過程中，若能依循其理念：在心中存著人的觀念、人的尊嚴，來教導兒童，並經常閱讀、瞭解並熟悉這些基本原則，必要時透過討論的方式來澄清一些觀念，應可使我們在教導孩子的過程中防患於未然，而更有助於培養出一個人格健全的人。

事實上，康德大部分的哲學著作都是深奧、抽象的，然而，在這本小書中，他卻是以最親切的方式來論說成人世界要如何來引導、教養兒童。整體而言，他的教育理論受到了盧梭《愛彌兒》一書的影響，重視從兒童本位出發，並尊重未經雕琢的人，也就是將兒童當成「高貴的原始人」一樣擁有一切高貴的素質，只不過是在其成長中某一方面受自然癖性的限制，因而需要教育使其理性彰顯出來。此外，從康德一生的歷程中，我們可知，即使單身一生沒有妻、子如康德一樣，只要能夠多致些心力於兒童的人格陶鑄上，那麼這種邁向「人格成熟」的近代啟蒙精神，當會爲兒童教育學，乃至一般教育學的反省，投注許多新的光明和希望。

賈馥茗、陳寶山、黃漢昌、游振鵬、吳美瑤

於師大教育學系二〇〇一年十二月

譯者序

康德（一七二四至一八〇四）的《康德論教育》（Vorlesungen über Pädagogik）是康德在哥尼斯堡大學講授「教育學」的教學手稿，晚年由他的學生林克（F. F. Rink）根據手稿整理而成。該書首次出版於一八〇三年，即康德逝世前一年，後來陸續有四個以上的德文版本，並已被譯為多種語言印行。本書篇幅短小，由於是課堂講授要點，其文字之條理與嚴謹度自不如三大批判，但康德前後四次講授教育學，大約是在五十四歲（一七七六）至六十四歲（一七八六）之間，其思想體系已臻成熟，說本書足以代表康德對教育的思維與主張，應屬可信。

本譯注參考德文、英文及中文翻譯本，包含學理及實用兩部分：對於想瞭解康德教育思想的研究者，本書除文本翻譯之外，也提供進階研究的參考書目；對於著重實際應用的教師、學校領導及明智的家長，除譯文力求淺白流暢，也綜合康德教育主張，提出人格教育的實施要點，希望對我國教育有實質的幫助。

近六、七十年來，臺灣的教育深受美國教育影響，對於歐陸教育則相對陌生。儘管世界各地無不受美國化及英語帝國的衝擊，我們仍須對當前國內外情況有所覺察，對我國人民素質的教育，乃至對世界可能的未來，也應有所憧憬與規劃。康德的教育論，正是值得國人細讀的一本好書。

本書共有六章，分別是：緒論、保育、培植、心靈的培養、道德陶冶、實際的教育等，首章緒論總述教育的本質與目的、教育歷程與原則，第二、三章討論嬰幼兒的保育要點，及如何利用遊戲讓孩童的體能、感官與心智能力獲得充分發展，第四章談心智各項能力，如記憶力、理解力、判斷力及理性之培養，第五、六章談品格的培養，也論及宗教神學乃至青少年的性教育。儘管是兩百多年前的著作，許多教育觀點仍極有價值，甚至歷久彌新。

康德對道德法則非常重視，他曾說：

「有兩樣東西，愈思考就愈覺得震撼與敬畏，那便是我頭上的星空與我心中的道德法則。」（Zwei Dinge erfüllen das Gemüt mit immer neuer und zunehmenden Bewunderung und Ehrfurcht, je öfter und anhaltender sich das Nachdenken damit beschäftigt: *Der bestirnte Himmel über mir, und das moralische Gesetz in mir*）

在教育上，康德非常重視品格的培養。他認爲兒童品格的教導有三個要點，即：服從、誠實與合群（詳第五章道德陶冶）。對兒童與青少年品格的培養，應視其年齡而有差異，幼小的孩童只需聽話，青少年則應逐漸教導義務與理性的觀念，使他能服從於義務的法則。這些主張，即使在今天，也值得深思的家長、老師採行。

西諺有云：「誠實是最好的政策」，中國儒家則說「誠者物之終始，不誠無物。」（中庸二十五章）雖然儒家「誠」的意涵更爲豐富深遠，自也有「誠實」一義。

康德極注重「誠實」的培養，他強調：謊言不可以用「不得不」來做藉口（詳第六章），這個說法值得注意。因爲說謊的人總有各種理由來說明其不得已或無辜，以取得諒解或同情，從而減輕、推卸其過錯。康德則從客觀面強調：說謊就是說謊，即使你有各種理由。

康德當然不是不通情理，但他對客觀道德法則的強調，確實顯示德國民族對客觀的集體意志之服從。而德國人民的守法及對客觀律法的尊重，與其嚴格的理性教育有密切關係。相對於臺灣社會有時過於重「情」而輕「理法」，德國人的嚴肅刻板確實令人印象深刻。

康德特別注重道德理性的培養，他曾舉了一個近於道德認知的問題：

「一個人有一筆今天要支付的債款，但他看見另一個人急需要錢，基於憐憫心，便把這筆錢給了那個人。這是對的，還是錯的？」（第六章）

康德的答案是：「錯！」

這個答案可能讓習慣於「孟子四端說」或佛家「捨身說」的臺灣人深感意外，不是「人飢己飢，人溺己溺」嗎？不是應該「犧牲自己，照亮別人」嗎？怎麼可以見死不救？我不入地獄，誰入地獄？

許多人一定會問：「爲什麼錯？」

康德的回答是：

「我們必須先盡責任而後才能慷慨。」

他的意思是：助人雖是慈善的行爲，值得鼓勵，但還債卻是義務。這種對義務與善行的嚴格區分，或許是臺灣社會最需要省思和學習的地方，因爲客觀的道德法則必須先建立，否則官員與地方民代關說的問題，就永遠層出不窮，永遠有「不得不」的藉口。

也許上述價值判斷的問題難有一致的答案，卻絕對值得我們省思。

康德的教育論不免有其時代與社會的限制，但絕對是值得研讀的教育名著，值此新書發行，謹書序言，並以紀念我們永遠的老師：賈馥茗先生。

交通大學通識教育中心
黃漢昌 謹識

目次

第一章　緒論

人是唯一需要教育的一類，說到教育就要知道保育（照料並養育兒童）、動作訓練和教養，加上道德陶冶，照這樣，人才能通過成長階段，由嬰兒（需要保育），而兒童（需要動作訓練），而少年（需要教學）。

動物有了力量就用力量，按照自然律，以不傷害自己為準。很奇妙的是，剛孵出的雛燕，雖然看不見，卻會很小心的不弄髒窩巢。動物不需要保育，最需要的是食物、溫暖和引導，或一些保護。很多動物確實是需要哺育，但不需保育。因為保育指細心照顧，是父母必須用於兒童的，以防他們妄行傷害自己。例如，若小動物一出生也像嬰兒般的啼哭，必然會引來環伺的野狼等野獸，而成為牠們的口中佳餚。

訓練是為了將兒童的動物性變成人性，動物只根據本能，（有些也有理性表現），但是人卻需要自己的理性。卻沒有這種本能，必須自己練習出理性的作為方式。既然不會本能的自行發展，就要別人來幫助他實行。

人的天賦本性必須靠自己一點點發展出來。

上一代人教下一代。開始時教的方式可能粗魯而雜亂無章，也可能一下就做對。但如果老是用後一種方式，人就會退步而落到野蠻的境地。

動作訓練防止人從人文墮落到野獸衝動的深淵。訓練必須禁止人甘冒野蠻粗魯的危險。因此，動作訓練幾乎是消極的，和原來的無法無天相反。教育的積極面是教導。

無法無天在於目無法紀，動作訓練將人置於人類的法律之下，而有所約束。這必須儘早完成。例如兒童初入學，學什麼並不重，重要的是習慣靜坐和服從。如此日後才不會盲目躁動。

人本來就強列的愛好自由。因而一旦習慣於自由，就會不顧一切的唯自由是求，因此必須將動作訓練儘早置入遊戲中；否則此後終其一生便很難再改變他的品格。未經訓練的人會很容易變幻無常。

我們在野蠻的國家看見，雖然有時他們也會表現些歐洲方式，卻永遠不能習慣歐洲儀表，對他們來說，就不能用盧梭等所想像的高尚的愛自由來解釋，只能說是野蠻。——和動物一般，尚未發展出人性，因此人要及早習慣於理性的命令，因爲人若自幼便一意孤行，毫無阻撓，肯定將會終生無法無天。自幼被母親寵壞的孩子不會進步，因爲他日後將面對來自四面八方的反對。進入事業途中，必然到處碰壁。上層階級常犯的教育錯誤是，自以爲會成爲領導者，從小就不容人反對，由於人天性愛好自由，就必須摒除野性，至於動物，由其本能使然，並沒有這個需要。

人需要保育和道德培植。道德培植包括動作訓練和教導。多數動物不需要這些，因爲牠們不需要跟著長輩學，只有鳥兒的叫聲是學的：看母鳥努力教小鳥叫，非常感人，小鳥像兒童在學校般，圍成圓圈，用稚嫩的喉嚨跟著學。要確定鳥叫不是本能而是學的，不妨來作個實驗。假定我們從金絲雀窩內取出一半的卵，而把麻雀卵放進去，或放兩者的幼雛也可以。如果把小麻雀放在室內使牠們聽不見大麻雀在外面的叫聲，牠們就會唱出金絲雀的歌聲，於是我們就有了會唱歌的麻雀。很奇妙的是，每種鳥都有自己的叫聲，世世代代不變，可能是世界上最忠實的傳統。

人只能靠教育才能成爲人。端在受的是什麼教育，要知道只有人能教人——那就是，教的人要受過教育，故而沒受訓練和教導的，就不適合教學生。如果有高出人性的來作教育工作，我們將會看到人將變成什麼樣，我們很難估量人的天賦能力，因爲有些東西是教育灌輸的，另一些則是藉由教育發展的。如果可能，藉高等人的幫助，加上多數人通力合作，作一個實驗，也許可以知道人可能達到最卓越的程度。思考的心靈雖然如此重要，使博愛者悲哀的是，那些在上位的人只管自己，不愛別人，不想做這個重要的實驗，不能把人性再提昇一步到接近完美的境界。

一個幼年被忽略了的兒童，到了能辨別的年齡，才會知道缺點在於訓練或培植（也就是教導）。未經培植的人必然粗魯，未經道德訓練的人則無法無天。忽略訓練比忽略培植更嚴重，因爲培植還可在日後補救，無法無天則可能無惡不做，而一個錯誤的道德訓練則永遠不能糾正。教育可能有繼續改進的功能，每個世代都進一步接近人類的完美，因爲教育最大的秘密便是使人性完美，這是目前唯一能做的，因爲我們已經開始能正確判斷，且明白瞭解，改善人性完全在於良好的教育。經過教育繼續改善人性，提高人的品格，使人性具有價值，是非常可喜的，由這一點可以看到人類快樂的前途。

教育理論的期望是一個輝煌的理念，若不立即瞭解，就毫無作用。只要我們不把它視爲幻想，也不當作是美夢，更不要怕做起來困難重重。

一個理念就是一個尚未經驗過的完美概念。例如一個以公正爲原則而統治的完美共和國——只因爲尚未經驗過，就認爲是不可能的嗎？

首先我們的觀念必須正確，縱使做起來困難重重，仍然不是不可能。譬如說謊所在多有，難道因此說實話就成爲奇蹟了嗎？而教育發展人的天賦觀念，乃是最最眞實的。

在目前的教育制度下，人並沒有完全達到人的目標，人們的生活方式實在太百端雜陳了，只有所有的人都按照一個原則去做，使這個原則成爲人的第二個性質，才會有一個統一的結果。我們所能做的是定出一個適當的遠程教育目的，把這個目的傳給下一代，使他們去做，他們可能會逐漸實現。以櫻草爲例，用根來培植，就只能開出一種顏色的花，若用種子來培植，就會開出各種顏色的花。自然爲植物安排下許多基因，其生長發展端賴種植和栽培，人也是這樣。

人有許多未經發展的基因，我們要使這些基因生長，發展其天賦至適當的比率，以完成其天命。動物會無意識的自己完成，人則要靠自己努力，但是如果沒有一個存在目標的概念，就無法做到。因爲徒靠一己之力是絕對做不到的。且試來假定第一對完全發展了的雙親，看他們如何教育子女，他們爲子女樹立了模範，兒童模仿著發展自己的天賦。但是他們卻不能發展出所有的天賦，因爲他們所看到的只是一些偶發的樣本，過去人並不知道人性能達到如何完美的境地，現在我們仍然不清楚，可以確定的是，沒有一個人，無論對學生培植到何種程度，也不能完全實現他們的天賦，要實現人的天賦，不僅需要一些人，更需要全體人類一齊努力。

一種藝術，要經過許多世代實行才能完成。每個世代靠著前代的知識，才能使教育發展人的才賦到接近頂點的程度，才能使人類實現天命。上帝希望人能自行導引出潛在的善性，曾經說：「人哪，我給了你各種向善的意向，走進世界吧，你的本分就是發展這些意向，快樂與否，全靠你自己。」

人必須發展向善的意向。上帝並未將現成的善植入人中，而只不過是一種意向，和道德律無殊。人的義務是要改善自己，培植心靈，而在發現自己走入岐途時，就要把道德律放在心中。想起來這也很困難。因爲教育人是最大最難的問題，由於洞察靠教育，而教育又要靠洞察，而教育只能漸進，一個教育方法的眞實概念靠一代將累積的經驗和知識傳給下一代。在傳給下一代前，又加上了一些自己的東西。這概念如何預定浩如煙海的文化和經驗？只能到後世才能完成，何況我們現在還不確定這個概念，問題是，我們對人類的教育是否應該預定一個世世代代沿襲不變的歷程？

有兩種人類的發明是最困難的——就是政府藝術和教育藝術，人們卻仍然在爭論這種說法。

但是要想發展人類的才能，我們要採取何種立場？我們要從粗陋處開始，還是因襲已有的社會狀況？從粗陋狀況看發展很難（因爲我們不知道第一個人是什麼樣），而要從那種狀況看，就必然回到原來的狀況中去，也就在那個狀況中發生。即使最文明的國家，其最早的紀錄中也有野蠻的污點，看看只把寫字當作文化吧！甚至對文明人來說，書寫藝術的開始就成了世界的開始。

既然人的天賦不能自行發展，所有的教育就都是一種藝術，自然並未賦予人這種本能。這種藝術的本原和後天完成的一樣，不是受環境控制毫無計畫的、機械性的，就是含著判斷的練習。教育藝術若只是從經驗隨機而得，無論對人有益或有害，就只有機械性，若所有的教育都是機械性的，必然含著錯誤和缺點，因爲沒有確定的原則可循。如果教育是爲了發展人性，並以此爲目的，就必須練習判斷。受過教育的父母是兒童的嚮導。如果兒童超過了父母，就要對教育加以研究，否則將毫無益處。一個受過錯誤教育的人將會在教別人時一再重複他的錯誤。教育必須把機械性變爲科學性，當代人可能破壞了前代所建樹的。

教育的一個原則是，尤其是形成教育基模的人，要看到的是兒童必須受教育，但不是爲現在，而是爲人將來的進步；即是適合人文觀念和人的完整天命。這原則極端重要。父母通常教育子女，不管世界壞到什麼樣子，只求適合目前的狀況。他們應該給兒童比現在更好的教育，將來的狀況才會好些。

在這裡我們遇到兩種困難：⑴父母只想要讓孩子能成功；⑵統治者把人民當作達到目的的工具。

家長照料家務，統治者管理國家，都不以普遍的善和人命定的本性完美爲目的，而在這方面，人卻有自然本性傾向。但是教育基模的根本必須是世界性的。那麼普遍之善這個觀念是否對我們個人有害呢？決不！因爲這觀念雖然像是會犧牲些東西，卻能使一個人從現在進步到最好的狀況。那是多麼輝煌的成果！好的教育使世界上所有的善表現出來。由此潛藏於人的善只需逐漸發展，而罪惡之源也就不見於人的自然本性了。

罪惡只因自然之惡未經控制。人則只有善因。

但是要由誰來改善世界呢？由統治者還是由人民？是要由後者。由人民改善自己進入善的途徑，政府能那麼做嗎？如果依賴治者，那就先要改進他們的教育，那將會耗時費事，因爲他們年輕時所犯的大錯並未得到糾正。

一棵孤立的樹會長得彎曲而枝杈橫生，而生在叢林裡的樹，受周圍群樹的擠迫，爲了接受陽光，會長得又高又直。治者也是如此，他們受周圍人民的教育比自己教育自己要好得多。只有統治者所受的教育高於人民，才可望形成進步。

因而不是出自治者，而是要靠私人努力，猶如巴斯道（Basedow）等所說的：我們從經驗得知治者觀點中沒有普遍善的觀念，不是爲國家，而是要達到自己的目的。如果他們肯爲教育的普遍目的提供資金，他們就要尊重草擬的基模。那麼每件事都要把心意放在求人智慧的完美和知識的廣博上去，只有金錢和影響並非全部，只能減輕一些工作事務而已，如果財政人員不太計較稅收的利益，他們也可以做到。甚至學術團體至今也不懂這件事，故而對將來要做的仍然所知甚少。

辦學校全靠最明智專家的判斷。所有的文化開始時都要靠這樣的一個人逐漸影響別人。只有見解宏闊的人們努力，有意於普遍的善，有能力考慮未來的美景，人性趨向至善才有可能。直到現在，我們不是還有統治者仍然把人民當作動物，目的只在繁殖人口嗎？縱使他們考慮到訓練人民的才智，也只是爲了用人民達到自己的目的而已。所以某些私人必須持有至善的觀點，特別要記住發展人類，使人不但變聰明，更要善良；尤其重要的是，必須使子孫達到比自己更接近完美的境地。

在教育中，人必須要：

第一，接受訓練。由此我們要瞭解訓練抑制我們的獸性而使人變好，無論對個人或是就社會的一員來說皆然，所以訓練就是約束無法無天。

第二，教育必須給予人教化，包括資料和教導，教化生出能力，能力是達到各種目的的官能，能力並不能決定任何目的，但可以在後來的情境中表現出來。有些才能對每個人都有益——例如讀和寫，其餘則是爲達到某種目的，例如學音樂會讓我們喜歡。眞的，能力所能達到的目的確是無邊無際。

第三，教育必須讓人自行抉擇，使他能立身於社會，而且喜歡，從而受到影響。於是需有一種可稱爲優美的文化。這後者需有儀態、禮貌和自由抉擇，以便使他可以用別人來達到自己的目的，這種精進因各個時代的品味而改變。所以二、三十年前的社交儀式仍然流行。

第四，道德訓練必須是教育的一部分。一個人能適合任何目的還不夠，要把他的本性傾向訓練到只以向善爲目的——向善必須爲每一個人所承認，同時也是每個人的目的。

人可能被馴服，訓練和機械性的教導，或者也可以得到啟迪。馬和狗可以馴服，人也一樣。

不過兒童不能只靠馴服，因爲他們學習思想最重要。學會思想，人會依照原則而非隨意行動，因而我們可以知道教育包涵的很多。但是我們的公立教育，這最重要的第四項卻一貫的被忽略了，兒童的道德訓練大多留給了教堂。而兒童應該及早學習憎惡邪惡——不僅上帝禁止，乃是因爲邪惡本來就是可憎的。如果兒童不及早學習這一點，他們就會以爲，上帝既然沒有禁止，作惡就沒有害處，也許上帝偶然允許例外。但上帝是神聖的存在，只能期望，期望我們爲德性而德性，並未要求德性。

我們生活在一個訓練、培植和精進的時代，但距離道德訓練的時代仍然很遠。照目前人類的狀況看，或者有人說，國家繁榮和人民的痛苦同時並存，這仍然是一個問題，一個不文明的狀況，缺少現代文化，生活在這樣的社會中，人如果不先變得聰明而善良，怎麼能快樂？除非完成這第一目的，邪惡就不會減少。

在建立師範學校之前，先要建立實驗學校，教育和教導不可只是機械性的；必須以確定的原則為基礎，雖然其初不能只依理性行事，且多少也有些機械性。

在奧地利，過去多數學校都是師範學校，其建立和實行都依照既定的計劃，很多批評者都認為不合理。理由是教學完全機械性，但是其他學校還是仿照師範學校的模式，因為政府拒絕提昇不屬這種學校的畢業生，這是政府干預人民教育之一例，這種強迫將生出多少罪惡！

人們以為教育實驗並非必須，我們的理性足以判斷好或壞。這是一個極大的錯誤，經驗告訴我們，實驗結果和我們的期望常常完全相反。

由此可以看出，既然必須用實驗作指引，就沒有那一代能夠預定一個完整的教育基模。唯一開始時用實驗學校作指引的是德梭學苑（Dessau Institute），那是值得嘉許的，可以不論那些受到指責的錯誤——錯誤是由實驗結果而生的——即是，還要做更多的實驗。

這是教師唯一能自由應用教學法和教學計劃的學校，教師們互相商討並和德國學者請益。

教育包括兒童的養育，在生長中培養，後者開始時是消極的，包括動作訓練；即是，只要糾正錯誤。其次，培植是積極的，包括教導和指引（於是含有一部分教育）。指引是指導學生照著教的做。私人教師（家庭教師）只有教導，學校教師則指引並指正學生。前者只爲學習教，後者則爲人生教。

教育不是私人的，就是公共的。後者只重教導，常常存在於公共的之中，實現所教的留給了私人教育。（這是指德國）完整的公共教育要把教導和道德培植聯合在一起，以便提昇良好的私人教育，這樣做的學校叫學苑（Institute）。但不能有太多這樣的學校，其中也不能收太多的學生，因爲學費太高，由於機構需要精密的管理，要大量的經費。和救濟院及醫院一般，必須的建築、主管、監督和工役，將用去一半的經費，無疑的貧窮者需要補助救濟，如果錢能直接送到他們家裡，否則只有富家子弟才能進這種學校。

這種公共學苑的目的在改進家庭教育。如果父母或其幫助者受過良好的教育來教育孩子，就可以節省公共學苑的費用。學苑的目的是做實驗，並教育人們，到時好的私人教育可能會由公共學苑產生。

家庭教育可由父母自己教，若父母沒有時間，或沒有能力，或者願意付費請人代勞。但請人代勞者最大的難題是，如何區分家長和教師的權限。兒童要服從教師的法則，同時又要聽從家長的主意，最好的解決辦法是把權威完全交給教師。

家庭教育比公共教育好，還是公共教育比家庭教育好？不要只看增加能力，更要看公民義務的準備，這一點，我認爲大體說來，還是公共教育最好，家庭教育不但常常保留家人的缺點，更會讓缺點繼續到下一代。

教育應該有多長久？要等年輕人達到自然規定他能夠指引自己的作爲，性本能已經發展，他可以成爲父親，而需要教育自己的孩子的階段。這階段大概在十六歲左右，此後可能仍要一些培植，暗中加些訓練，但通常訓練這個字在教育中已不再需要。

兒童初期必須學習屈服和積極的服從，然後可以讓他爲自己著想，雖然還要遵照一些規則，卻有了一些自由，兒童初期只是機械性，次一期是道德限制。

兒童的屈服不是直接的，就是間接的。積極的是他必須遵照所教的做，因爲他自己還不能判斷，而且模仿的作用仍然很強；至於消極的，則是他要照別人的希望而做，如果他要別人也能實現自己的願望，照前一種狀況，不聽話便要懲罰，對後者，人們也可不讓他如願。在這種狀況中，他雖然能爲自己設想，卻還要依賴別人，自己才有快樂。

教育的最大問題是如何將謙遜與必須的約束和兒童的自由意志力聯合在一起——

因爲約束是必須的。我要怎樣發展自由感以取代約束？我（教師）要使我的學生習慣於忍受自由的約束，同時指引他正確的運用自由。否則教育只是機械性的，在這樣的教育結束後，學生永遠不會正確的運用自由。學生應該及早知道無可避免的社會拒斥，知道自立是多麼困難，知道要忍受困苦挫折，知道這些是獨立所必須的。

在這裡我們必須注意下列幾件事：

1. 我們必須及早使兒童在各方面有全部自由（除非他可能傷害到自己——例如突然抓取刀子），同時在其活動時，不能干犯別人的自由，例如大叫或喧笑。

2. 他必須明白要想達到自己的目的，就得也讓別人達到他們的目的。例如，倘若他不聽話或不學習，就得不到任何他想要的東西。

3. 我們必須讓他知道約束他是爲了使他隨時學習正確的運用自由，他的心靈能培植到有一天可以自由：即是獨立而不需要別人幫助。這是兒童最後才懂得的。兒童要很晚才會瞭解日後要自己供養自己的事實；因爲他們以爲自己可以永遠住在父母家裡，毫不費事地就有吃有喝，事實上，富貴之家的孩子，一生都是如此。

再者，我們看到公共教育制度的優點是，可以學習衡量我們和別人的力量，知道別人權力對我們的限制。因此不能只求自己喜歡，那將會到處受到排斥，我們只能用眞正自己的優點作表記，才能從別人那裡得到利益。公共教育是未來公民最好的學校。

另外還有一個困難，即是預先應用性知識以防止成年期前的不當行爲。後文再說。教育不是生理的就是實際的。生理的部分是餵食和照顧，實際的或道德訓練教人如何自由的生活。（我們通常稱凡是和自由有關的，爲實際的。）這是個人的品格教育，在於培養自由。自由能維護自己，適當的立足於社會，同時適當的知道自己的個性（individuality）。

因而實際的教育包括三部分：

1. 學校的普通課程，用以發展兒童的普通能力——是校長的工作。
2. 教導生活的實際教材——智慧和選擇的作爲——是個別教師的工作。
3. 道德品格訓練。

人需要學校教學的訓練以發展生活中工作成功的能力。學校教學使每個人都具有自己的價值。

其次，學習了所選擇的生活實際課題，他已被教成一個公民，在其公民群中有了價值，一方面學著應合社會，並學著從其中獲益。

最後，從全體人類來說，道德訓練賦予人以價值。

在教育的這三部分中，學校教學在時序上居於第一。因爲兒童的能力必須先發展和訓練，否則他得不到生活實際的知識。選擇是我們正確應用能力的天賦。

道德訓練，既然是基於基本原則，必須由人自己明白，所以在時序上居於最後。但就其只出自常識而論，必須從開始就要顧到，即是從保養的時候開始，因爲若沒有道德訓練，許多錯誤將植根於兒童，日後的教育對此將毫無影響力。至於能力和生活普通知識，則完全在於學生的年齡。讓兒童像所有兒童般的聰明，讓他有孩子式的機靈和好脾氣，但不要像一個狡詐的大人。後者只屬於成人，不能當作是孩子氣。

第二章　保育

儘管家庭教師不負幼兒保育之責，若瞭解自幼兒至兒童必須的全部教育，還是有益的。雖然教師只需教導較年長的孩子，這個家庭仍可能有其他的小孩誕生，如果他明智，足以成爲家長的益友，向他諮詢幼兒的保育問題，如此教師可能成爲這個家庭中最有教育素養的人，所以他應該預先熟悉兒童的保育問題。

嬰兒保育，正確的說，不過是照顧及餵食，通常是父母或褓母的工作。然而我們必須將極端的例子當作例外，例如母親不健康，以前相信母親產後的初乳，類似乳漿，並不完全，所以不給嬰兒哺初乳。（按產後初乳，乳汁排出可能不順暢，影響嬰兒吮吸動作。至於乳汁成分如何，現已有研究報告認爲適合嬰兒。）

然而盧梭曾呼籲醫師對此點的注意，察明初乳是否對嬰兒無用，因爲天生萬物必有用，實際上醫師發現新生兒口中含有一些分泌物渣滓，包括膽汁、黏液、上皮細胞的廢物，可藉母乳消除，故而母乳對嬰兒是有益無害的。（據說有些醫師在嬰兒出生後，會將此等物祛除，不必待母乳沖去）

曾有人問：哺食動物乳汁是否對嬰兒一樣好？其實人乳與其他動物乳的成分頗為不同，草食或菜食的動物，乳汁很容易凝固，只要加一點酸，如酒石酸、檸檬酸，尤其是蘋果酸便可，人乳則否。但如果母親或褓母只吃素食，乳汁就會像牛奶等動物乳一樣容易凝結；到又吃肉食後，乳汁就又能恢復正常。由此得到的結論是：在哺乳期間，母親或褓母最好肉食。我們又發現嬰兒所吐的奶是凝結狀，那必然是胃中酸性增加導致，因為人乳不那麼容易凝結。如果我們給嬰兒的乳品是本身容易凝結的，豈不很糟糕！

又從其他國家養育嬰兒的習俗中，並非只此一端。亞洲地區蘇俄的某個部落，是只吃肉的民族，長得強壯又健康，但他們多不長壽，且體重輕到令人無法置信，他們的成年人可以像小孩般被提起。而瑞典人，特別是印度民族，他們幾乎很少吃肉，但男人卻又高又壯。這些例子顯示：嬰兒的養育端賴乳母之健康，而最適合乳母的飲食也最符合嬰兒。

如果母乳停止了怎麼辦？以往曾試過許多澱粉質的食物，但對嬰兒並不好。

我們必須記住刺激性的東西不能給嬰兒，如酒、香料、鹽等，奇怪的是嬰兒對這類東西卻特別喜歡，這是因爲刺激物引起快感，促進尙未發展的食慾。在俄羅斯，嗜飲白蘭地酒的父母眞的給嬰兒白蘭地喝，而俄羅斯竟是一個強壯且健康的民族。當然他們的習慣是由於有好體質，否則在其他地方就會導致死亡，因爲對神經過早的刺激是許多疾病的原因，兒童應該少進劇烈的飲食，否則將很容易削弱體質。

另外，我們必須注意嬰幼兒不須穿得太暖，因爲他們的血液溫度天生的比成人高，小孩的血溫爲華氏一百一十度，成人只有華氏九十六度，成人覺得舒適的溫度會使小孩窒息，甚至成人也不須穿得太暖，把自己包裹得緊緊的，而且只喝熱飲，因爲習慣冷能使人強壯。因此讓小孩睡涼硬的床是好事，洗冷水澡也很好。不可用刺激物引起小孩的飢餓感，飢餓是活動和工作的結果。然而也不能讓小孩習慣於失落感，最好不要矯揉造作地培養習慣，無論是好的或壞的。

原始民族包裹嬰兒的方式後來受到注意。例如美洲的某些原始部族，掘地成穴，並以枯木屑撒布其中，使嬰孩乾爽潔淨；他們把嬰兒放在洞中，蓋以樹葉，除了蓋著的葉片以外，嬰兒可以自由伸展手足。然而我們只爲了自己的方便，常把嬰兒裹得像木乃伊，以免費神照顧他們，以致嬰兒的手足因束縛而彎曲，且使嬰兒不舒服，更因無法自由伸展四肢而感到絕望。人們以爲叫嬰兒的名字會讓他停止哭泣。可是若一個成人受到同樣待遇，雖然不會哭，卻一定不舒服而感到絕望。

總之，我們必須記住：早期教育是消極的，也就是說，我們不必爲造物添加任何東西，只需使之適當地實現即可。如果我們有應做的部分，那就是使嬰兒漸趨強壯。因此，我們應摒棄包裹嬰兒的習慣。如果要加些小心，最適合的做法是：準備一個盒子，覆以皮帶，就像義大利人所稱的嬰匣（arcuccio），將嬰兒安置其中，哺乳時，也不須把孩子抱出，這樣可以避免晚上和母親睡覺時，嬰兒有被悶死的危險，因爲有許多小孩因窒息而死。這種做法比包裹嬰兒更妥當，因爲它容許小孩自由伸展，同時避免四肢扭曲或其他傷害。

另一個屬於早期教育的習慣是搖晃嬰兒。最簡單的做法見諸於農家。搖籃的一端綁著繩子連接到屋椽，繩子一拉一放，搖籃便左右擺盪。不過，這樣擺盪很不可取，因爲對小孩不好，就是對成人搖晃也會造成暈眩的感覺。褓母想藉擺盪使孩子暈眩而不哭，卻不知嬰兒哭有益其健康。嬰兒出生後初次呼吸到空氣，血液的流向改變，讓他產生痛感，遂立即哭泣；哭使力量擴充並強化全身器官。若嬰兒一哭便跑去幫他，像一些褓母般唱歌之類，對小孩並無好處，且常是寵壞孩子的開始，因爲他知道哭可以得到東西，當然會哭個不停。

成人用扶手索及學步車教幼兒學習走路，一想到這一點，就不勝驚訝。人們竟然堅持教孩子走路，好像人類從開始不經教導就不會走路一般。而且扶手索對幼兒特別不好，一個作家曾說，他相信羅患氣喘病是因爲小時候使用扶手索造成的，因爲那時拿東西或從地上拾起東西時，胸部受到了扶手索的限制，以致使他的胸部變小了。既然胸部尚未發展，任何壓力都會使它變平，其後一生都會如此，而且這樣的兒童到自己學走時不會走得踏實。最好的辦法是讓幼兒從爬行到漸次學習走路，爲了防止地上碎物的傷害，可以鋪一張毛毯，也可以防止跌倒受傷。

通常認爲幼兒跌倒會傷得很重，事實不然，跌倒並不一定造成傷害，他們會在瞬間找到平衡，雖跌倒卻傷不到自己。

人們習慣上用一種寬邊的軟帽來保護幼兒的頭，用以避免他面向下跌倒。但這純粹是一種負面的教育，是在利用人工的工具替代教育兒童使用大自然所已提供的。自然的工具是兒童的雙手，可以用來穩定自己，我們愈用工具，就愈依賴工具。

總而言之，用的工具愈少愈好，讓兒童自己去學，會學得更透澈。例如，兒童可能自己學寫字，因爲他一定自己會發現，這個發現也不是一件難事。如果兒童要麵包，可以要他畫一個他所想要的東西的圖形，他可能繪畫一個粗略的橢圓形，要他畫得更像一點時，因爲一個橢圓可能是一塊石頭，也可能是麵包，他可以想到畫個

「包」（B），此後他會用這種方式發明他自己的符號。

有些孩子出生時就帶著殘疾，這些殘疾沒法醫治嗎？許多學者認爲：固定器並無益處，反而干擾了血液循環和病人脾氣，阻礙身心的健全發展，不如讓小孩自由運動，那些套上固定器的孩子一取下支撐，將更加羸弱，反而不如從不用固定器的。也許以爲對天生歪斜者可以增加另一面的重荷來矯正，但這是危險的做法，誰知道怎樣才是適當的平衡？最好讓孩子學習運用他的四肢來保持身體的姿勢，他可能會覺得麻煩，但卻沒有什麼工具可用。

所有人爲的工具造成更大的傷害是：違反大自然創造有組織有理性人類的目的，因爲造物要他們保持自由，以便學習如何運用他們的力量，在這方面，教育所能做的是避免孩子變成柔弱，方法是使他們習慣堅強，那是脆弱的反面。但是要孩子事事冒險也太過分，蘇俄就犯了這種錯誤，以致許多兒童早夭。習慣是喜悅或行動不斷重複的結果，直到喜悅或行動成爲必須的性質。沒有比那些高刺激性如香菸、白蘭地、辣味更容易讓兒童上癮的了，所以必須謹愼地不讓他們接觸，因爲一旦孩子學會了這些東西，要他們戒除將非常困難，而戒除的初期會導致生理失調，這是反覆使用的東西會使身體器官產生改變。一個人形成的習慣越多，也就失去更多的自由與獨立，在這一點上，人與其他動物一樣。人早年生活中所習慣的那些事物，對他一生都有誘惑，所以必須避免兒童形成任何不良習慣，更不應該保留那些習慣。

很多父母要兒童能習慣萬事萬物，這並不好。因爲人類通常各有個性，不容許這種訓練，結果是許多兒童終其一生都學不會。比如有些父母任孩子睡覺、起床、隨意吃飯。爲了免受懲罰，他們必須吃健康食物，以補不規則的壞處。我們從自然界中的確發現有許多定時的例證，比如動物有確定的睡眠時間，所以人也應當定時作息，以免身體功能受到干擾。不管怎樣，人類應該在固定的時間吃飯是很重要的。很多父母想要讓兒童忍受酷寒、惡臭、噪音，其實毫無必要，只要兒童能避免習慣的沈溺即可。因此，他們在環境中不必拘於一端。

硬床比軟床有益健康，大致來說，嚴格的教育有益強化身體，嚴格的教育只需防止怠惰，證實此主張的例子並不少，只是未經研究，更正確的說，人們並未注意。

性格訓練，也稱之爲保育，必須牢記的是：訓練不是屈辱。因爲兒童應該常常意識到自己的自由，但也不能妨礙別人的自由，否則他就會遭到反對。很多父母對兒童的請求一概拒絕，以鍛鍊其忍耐力，但自己卻沒什麼耐心，這是很殘酷的。一個人應該儘量應允孩子的要求，然後告訴他：「夠了」，絕對到此爲止。當孩子因某事而哭鬧時，可以不理會他，藉哭鬧來強求時不要應允。但如果兒童的要求是合理的，且對他們好，就應該允許。藉此兒童也可以變得心胸開闊，而因爲他不用哭鬧來煩擾別人，每個人都會和善地對待他。兒童的可愛天眞是天命所賜，以贏得大人的歡心，困擾和屈辱的訓練，十足傷害兒童的意志。

出生八個月的嬰兒，視力並未完全發展。他可以感覺光亮，但還不能分辨物體。我們在嬰兒眼前拿著一個發亮的物體並移動它，會發現他的眼睛並不隨物體移動。在感到光的同時，哭和笑的能力也發展出來了。在這個階段，理性也和哭並存，雖然還相當微弱。哭是因爲有了受傷害的意念。盧梭（Rousseau）說：你只要輕敲六個月大嬰兒的手，他就會哭得像被火燒到一般。實際上，嬰兒除了有身體受到傷害的知覺外，更覺得委屈。父母們常說要改變孩子的意念，除非他們已被寵壞，沒有改變他們意念的必要。孩子的寵溺始於他們以哭來達到目的，日後要修正這點非常困難，甚至絕難成功。我們可以不讓孩子哭以免干擾，但讓孩子吞下怨苦，必然變成憤怒。長此以往，他們將習於掩飾內心的激動。奇怪的是有些父母竟然在處罰孩子之後，立即表示親近，無異是教孩子掩飾與作假。由於孩子不會喜歡鞭子，對懲罰不會心存感謝；被處罰後還要親近那處罰他的人，其內心的眞實感受是可想而知的。

我們常對兒童大喊大叫說：「呸！丟臉！你不該那麼做！」這類說法在幼兒教育中，完全無效，因爲幼兒不懂丟臉或羞恥以至禮儀，這種說話只會使兒童變得怯懦膽小，在人前不知所措，只想從同伴中逃開，更衍生出有害的自我隱藏與保留。當他應該有所要求的時候也不敢提出要求，他隱藏自己的眞實性格，當他應該自由、坦率地說話時，所表現的並不是眞實的自我。在家中，他會避開父母，而喜歡跟僕人打交道。

和前述教養方式同樣不當的是時常與孩子戲耍、撫弄，這會使他們變得愛騙人而又自我中心。由於父母一再自曝其短，喪失了兒童心目中的尊重。反之，如果兒童所受的訓練是「哭鬧於事無補」，就能坦白而不粗魯，謙遜而不怯懦。厚顏無恥，或傲慢無禮，都使人無法忍受。許多傲慢無禮的人從他的臉上即可看出；其他的人，一看即知道不會粗魯。坦誠而又慈和的人常常胸懷坦蕩。人們常說有地位的人會帶有一種高貴氣息，這只不過是一種自足的儀態，肇因於其一生未受到對抗。

老實說，工作階級的孩子比社會地位較高的人的孩子更容易被寵壞，因爲工作階級的人像猴子般與他們的孩子玩、唱歌、愛撫、親吻並跳舞，他們以爲孩子一哭就跑去哄他以及和他玩，是對孩子好，但卻使孩子更愛哭。相反的，不理會孩子的哭聲，他自己自然會停止，因爲沒人會繼續一個得不到結果的工作。一旦孩子習慣於有求必應，以後不應就很難了。另一方面，如果不在意孩子的哭，他將很快就不玩這套了。倘若他總是無求不遂，他的性格和態度都將被寵壞。

兒童確實還沒有儀態的觀念，嬌寵使他和與生俱來的善良距離更遠，因此其後就必須採取嚴格的規矩，解除早年縱容的惡果。日後要改變已有的習慣，要兒童不能如願時，他的哭會伴隨著如成人般的狂怒，只是體力不夠而已。然而兒童這樣並不意外，因爲一個十足暴君被奪權，當然不習慣，即使成人突然從高高在上的地位被拉下馬，也很難接受。

我們還需討論一下苦樂情感的訓練。對這方面，我們必須是消極的：我們需注意兒童的感覺能力沒因嬌寵而破壞。好逸惡勞是百惡之首，所以要及早教兒童工作。如果兒童沒有被過度寵溺，他們自然會喜歡勞力活動中的快樂。而工作是需要體力的，對於樂趣，最好不要讓他們太挑剔，准孩子選擇。習見的是：母親們就常因此而放縱寵壞了孩子。我們反而常看到小孩，尤其男孩子，喜歡父親甚於母親。這可能是因爲媽媽比較膽小，擔心小孩受傷，限制孩子活動；相反的，父親雖然較爲嚴厲，孩子頑皮時會處罰，但通常卻會帶他們去野外，並阻撓孩子粗魯的遊戲。

有些人相信讓兒童對想要的東西多等些時間是教他們有耐心，這幾乎是不需要的，雖然生病時還是需要耐心，耐心是雙重的，一則是放棄希望，一則是增加勇氣繼續下去。對前者，只要所想要的可能得到，便不必放棄希望；對後者，只要所望的是對的，便應該繼續希望。然而在病中，絕望會破壞歡樂。對身體或道德抱著勇氣的人是不會放棄任何希望的。

兒童的意志，如前所述，決不能被破壞摧毀，但可能以拐彎的方式屈服於因自然障礙而讓步。在開始的時候，兒童必須盲目服從；兒童以其哭鬧作命令，強者服從弱者，則違反自然。即使在兒童很小的時候，也不應該以其哭泣爲有趣，更不允許以哭鬧敲詐。只是父母經常在這方面犯下錯誤，然後又爲了消除放縱兒童所帶來的惡果，對兒童往後的任何要求均予拒絕。這是極大的錯誤，因一概拒絕會破壞兒童對慈祥父母的自然期望。而他們乃是弱者，會覺得父母是強權。

讓孩子從心所欲是縱容他們；故意挫折他們更是完全錯誤的教養方式。前者往往發生在以兒童爲玩物，尤其當他們開始說話時。縱容會造成很大的傷害，影響他整個一生。那些使孩子受挫折的，同時不許他們（而且一定不許）表現憤怒，但他們內心的狂怒將會加大，因爲他們尚未學習控制自己。

下列的法則從嬰兒出生就要注意，他們哭，相信是不舒服時，應該立即前去照顧。另一方面，若僅因發脾氣而哭，則相應不理，這種方式應一直持續下去。這樣，嬰兒所受的挫折是相當自然的。正確地說，純粹是消極的，對他只是不縱容。另一方面，許多孩子以堅持不變終於得到所要的。如果孩子一哭就無往不利，必然變成壞脾氣；如果有求必應，性格將會軟弱。只要沒有重要的理由反對，孩子的要求便應如願；有理由反對，就不要答應，再三要求也沒用。若拒絕就拒絕到底，下次就不會一再要求。

假設——其實極少發生——一個孩子天生固執，最好是以這種方式對付他——如果他不做使我們高興的事，我們也不會讓他高興。

破壞一個孩子的意志將使他成爲一個奴隸，而自然的拒絕使他溫順。

一切都可說是消極訓練，因爲許多人類弱點，並非因缺乏教導，而是由錯誤印象而生。例如，怕蜘蛛與蟾蜍是褓母暗示給孩子的，若不是褓母在看到蜘蛛時害怕的樣子，小孩子可能像抓起任何其他東西一樣的抓起蜘蛛，許多兒童因此終生保留這種恐懼。也始終保持著幼稚，因爲蜘蛛雖比蒼蠅危險有毒，大致並無害。同樣的，蟾蜍如同漂亮的綠色青蛙或任何其他動物一樣，也都是無害的。

第三章 培植

兒童保育的積極部分是文化教養，這是人獸之別。文化教養主要在心靈官能的練習，因此父母應給孩子機會去練習。第一個也是最重要的原則是：所有的人工應儘可能除去，所以兒童早期的走路繩與學步車應該丟掉。讓幼兒在地上爬，直到他學會自己走路，那會走得更穩。因爲使用工具破壞天生的敏銳度，我們本來可以目測距離，卻拿繩子去量度；本來看太陽在天空的位置就知道早晚，卻要用鐘錶；本來在森林中可以白天觀日、夜晚觀星來辨方向，卻要用羅盤。說實話，我們甚至可以不需要船，而泅水過河。著名的富蘭克林便懷疑：游泳這麼有用又好玩的技能，爲什麼人們都不學？他又提出一種簡易的方法教人游泳：站在水深齊頸的小河中，把蛋丟進水裡，然後試著撈取。要彎腰拾蛋並避免喝到水，就必須抬起雙腳，同時把頭往後仰，這就是游泳的正確姿勢，然後只要揮動雙手，就知道自己正在游泳。我們要做的是：培養天生的能力。有時要教，有時孩子自有創造力，甚或他自己會發明工具。

體育訓練時應該注意的，或在感官訓練，或在肢體動作。首要的條件是：兒童應完全自助。如此力量與技巧、敏銳與自信都是必要的，如果可能，讓他通過小徑，陡坡或樓梯，或看著他走過細長的木板。如果他辦不到，就完全沒有成為一個人的可能性。自從 Dessau 學校立下典範以來，很多其他機構也嘗試如此訓練兒童。讀到瑞士人如何從小就讓兒童習於爬山，敏捷而充滿自信地通過羊腸鳥道，先準確地目測距離，以免超出力所能及，的確太奇妙了！不過大多數人怕想像中摔下去的危險，以致兩腿發顫，如此一來反而真的驚險萬分。這種懼怕通常與年歲俱增，而最常出現在所謂「勞心」者的身上。其實對兒童並不那麼危險，他們身體較輕，摔下來不會很重。而且兒童的骨骼也不像成年人那麼缺少彈性易碎。在力道的使用上，兒童常能證明他們心力如一，比如我們常看到他們任意攀爬。跑是有益健康且強健體魄的運動，跳躍、舉重、搬運、懸吊、扭拽、賽跑、投擲東西，所有這些運動都是好的，而舞蹈因過於精緻，並不適合早期兒童。

投擲的運動，無論是擲遠或是投射目標，對感覺尤其是眼力的訓練特別有益。其中對孩子最好的便是球類，因爲有益於奔逐。大體說來，這些遊戲結合感覺與技能發展的訓練是最好的，例如藉眼力來修正判斷距離、大小和比例，以及藉著太陽辨別不同地區的方位等等，這些都是好的訓練。同樣有益的是對場所、地域的想像力訓練，即是對所曾見過地區之確定方位的回想能力，像在森林中，藉著所曾經過的樹木找到出路。同樣對方位的記憶，如讀書，不僅記憶書上讀到的東西，而且知道在書中的哪一部分，故而音樂家演奏時無需看著樂器，心眼中自知鍵盤何在。對耳力的訓練也是不可或缺的，藉此他們能分辨聲音的遠近及來自何方。

兒童捉迷藏的遊戲早就見於希臘，他們稱之爲「瞎子剝皮」。大體而言，兒童的遊戲到處都一樣，德國有，英、法國也有。兒童有普通的本能原則，比如捉迷藏，似乎就是想知道如果少了一種感官，要怎麼辦。抽陀螺是一種奇特的遊戲，這類遊戲能進一步誘發成年人深思，有時還能引出重要的發現，塞葛諾（Segner）曾以陀螺爲題寫過論文；一個英國船長更因陀螺而發明一種鏡子，藉以從船上測量星辰的高度。

兒童喜歡吵雜的樂器，如鼓、喇叭等等，但這些樂器不足取，因爲它們妨礙到別人。不過如果兒童學著削製蘆笛來吹奏，就無須反對。盪鞦韆也是有益的運動，老少咸宜。不過兒童盪鞦韆時需注意監督，以免他們盪得太快。放風箏也是合宜的遊戲，它有待於技巧，因爲風箏飛起需選定風向。

這些遊戲使兒童摒棄其他欲求，並在無意間訓練自己忍受更多的匱乏感；更進一步，他會習慣於不停的工作。無論如何，這些遊戲並非純屬玩樂，而具有教育意義與目標。由此兒童的身體愈來愈強壯，更不致因嬌寵而慣壞。體育也只是用來導引天性，我們決不能只著眼於人爲的文雅，訓練必須先於教學，不過在訓練身體時，也要注意使兒童能適應社會，盧梭（Rousseau）曾說過：「如果他沒當過街頭頑童，就不能成爲卓越的幹才。」一個有活力的男孩比一個冒冒失失、自命不凡的年輕人更容易成爲優秀人才。兒童必須學會既不製造麻煩，也不委曲求寵。在受到禮遇時，必須自信而不魯莽，坦誠而不失禮。爲達此目的，我們必須做的是：不要把孩子的性格寵壞，不要因灌輸他好行爲的觀念使他變得膽小害羞，也不要用對他的期望來斷定他的一生。沒有比過度拘謹與狂妄自大的兒童更荒謬可笑的了。使兒童看見自己的弱點對他更好，也不要用我們的優越感與權威去壓制他；兒童固然要發展自己的個性，也要作爲社會成員而如此做。社會是一個廣大的世界，容得下他，也容得下別人。陶璧（Toby）在「崔斯特朗（圓桌武士名）飲料」（Tristram Shandy）中，對一隻騷擾他良久，終於被他趕出窗外的蒼蠅大吼：「滾開，討厭的傢伙！這世界大得足以容下我們兩個！」我們都可以拿它來當座右銘。我們不應該彼此厭棄，這世界容得下我們所有的人。

第四章　心靈的培養

現在來談培養心靈，這也可說是一種保育，這裡必須區分本質（nature）與自由。順應自由法則與培養本質截然不同。教化旨在保養身體與心靈的本質，藝術爲二者又增加一些成分。因此我們也可說，心靈的培養如同身體的保養。然而，培養心靈必須與道德訓練分開，培養心靈旨在於本質，道德訓練在於自由。一個人的心靈即使培養良好，若缺乏道德教化，則不免是一個壞人。然而養身亦須與「實際的」（practical）培植有別，後者重在道德而非化育。

心靈的培養可分自由（free）及學術（scholastic）二者，自由的教化總是可以從小孩身上窺出；反之，學術培養則是職務。培養自由必須時刻注意到兒童，培養學術則對兒童加以限制。我們或許有遊戲，就是所謂的「休閒」，我們也會受到強制，那是「工作」。學術培植構成兒童的工作，而培植自由構成遊戲。

許多人曾規劃了教育，旨在發現最好的方法——最值得作的方式。有的以爲兒童應在遊戲中學習一切。哥廷根雜誌雷赫旦伯譏笑讓男孩像遊戲般的學習做事是愚蠢的，以爲兒童應及早習慣嚴肅的工作，因爲他們早晚必須工作。這見解眞是荒謬絕倫。兒童是要遊戲，要有玩樂的時間，但也要學習工作。無疑的，這是一件好事，練習技巧正如培養心靈，然而二者應各有時間。不幸的是，人的本性原就傾向怠惰，怠惰時間愈長，愈不想工作。

工作本身並無樂趣，只是因爲另有目的；反之，遊戲本身便具有樂趣，無需其他目的。我們散步，只是爲了散步，所以走得愈遠愈高興；而當我們要去某一地方或爲其他事時，自然選擇最近的一條路。玩牌也一樣，一個人坐著不停洗牌多奇怪。大人還會有孩子氣。還有比兒童玩球更好的遊戲嗎？成人的確不想騎木馬，但是卻有別的愛好。

兒童學習工作是很重要的，人是唯一有義務要工作的動物。人在自給自足以前，必先學一段很長的時間才喜歡工作，上天不會仁慈得使我們不需工作就能得到我們所要的，因爲人需要工作，即使工作有很多限制。一個錯誤的觀念是：假如亞當與夏娃依然留在樂園裡，將會無所事事，而只是坐在一起唱牧歌，並欣賞大自然的美好。果眞如此，他們也會厭倦，如同其他老在同樣位子的人。人們應該眼前有許多目的而不自知，其實人最好的休息是在工作之後。同樣的，兒童也必須習於工作。還有比學校培養愛好工作意向更好的地方嗎？讓兒童學習將一切事物視爲遊戲很不好。兒童是必須有娛樂的時間，但也要有工作的時間。即使兒童沒有立刻瞭解這種限制的用處，但日後便能知道其價值。老是回答兒童：「這有何用？」、「那有何用？」的問題是在培養壞習慣。教育必須強制，卻不必有奴役性。

關於心靈官能（mental faculties）「自由」的培養，必須記得要不斷的進行。這在於高層的官能，低層的官能亦須同時隨著培養，然而要指向高層的官能。例如訓練智力時旨在理解，要記得主要原則是，心靈官能無法自行培養，總是與其他官能有關，例如想像即有助於理解。低層官能本身沒有價值，例如一個人有良好的記憶力卻無判斷力，這樣的人只不過是一本會走路的字典。古希臘祭的野獸是有些用處，如果他們不能做對自己有用之事，就成了別人做好事的材料。理智與判斷分開只會產生愚昧，瞭解是普遍的知識，判斷則是將普遍應用於特殊。理性是瞭解力，聯繫普遍及特殊。此種自由培養的歷程從孩童時期持續到教育終止的青年期。例如若有年輕人想引用一個普遍法則，可以讓他從歷史或傳說中找隱藏的例子，從而鼓勵他練習智力與記憶力。

格言說，記得多少就知道多少。培養記憶力相當必要，對事物的瞭解首先是在心中有印象，記憶必須保存該印象。語言就是一例。學習語言或者靠記憶的正式方法（formal method），或者靠會話，後者是學習現代語言的最佳方法。詞語的學習十分需要，不過年輕人學習語詞最好靠閱讀。年輕人應讀有固定作業；同樣的，學地理最好用機械性，而機械性主要靠記憶，記憶在很多方面非常有用。學歷史的適當機械性猶待尋找，有一種方式是表列系統，但並非良策。歷史是練習判斷正確的良方，用心學習是必要的，若只求記憶並無教育功用。用心學講演便是一例，只不過鼓勵說下去而已。而且朗讀僅適合成年人，記憶應該用於保有重要事項，且是對眞實生活有用的。讀小說對兒童最無效，因爲以後用不到，僅在提供當下的娛樂而已。且讀小說會削弱記憶力。以讀小說將自己與他人相對照是可笑的，所以不應使兒童讀小說。因爲在閱讀小說時，兒童編織自己的浪漫，照自己的意思安排情境，幻想（fancy）被禁錮，對思維卻沒有幫助。因此，兒童不容分心（distraction），至少在學校如此，因爲分心會成爲習慣，即使是最佳的天賦亦可能就此浪費。雖然兒童在遊戲上沒有集中注意，但他們很快的會喚回注意。我們可能注意到，他們最不注意的原因是想到一些壞事，想要掩飾或彌補。兒童分心時，聽話可能只聽一半、說錯答案、不知所讀的內容。

記憶力必須從小培養起，但也須同時培養瞭解能力。培養記憶力之途徑：(1)用學習記憶故事裡的人名；(2)用讀和寫。不過，閱讀應該練習用腦，而不只是拼音；(3)用語言，在閱讀之前應先學習聽。設計良好的兒童圖畫書（orbis pictus）會很有用。一般而言，可由植物學、礦物學及自然歷史入手。瞭解這些東西，要有一些輪廓，必須學畫圖與造型，一些數學也是必須的。在科學中應直接研讀地理、數學與物理。旅遊故事可用照片及地圖導入政治地理。從當前地球表面的情況可以回溯其早期情形，導入古代的地理、歷史等。在教兒童時，必須尋找知識與實踐間無形的聯繫，在所有的科學和數學中最能實現這項要求。更進一步，知識及說話也必須統合。兒童亦需學會清楚區分知識與意見和信念。由此可以準備正確瞭解的途徑及正當的品味，這種品味首先必須是屬於感官方面的，特別是視覺，但最終是觀念上的。

爲了培養理解能力，每件事都要有規則。區別這些規則在心智上非常有用，如此使得瞭解不僅是機械式的，而且是有意的遵循法則。將這些規則構作成固定形式也十分有用，而後把這些規則記住。如果我們記住這些規則，即使忘了它們的用處，還可以很快想出自己的用法來。這裡出現一個問題：是先抽象的學習這些規則，還是用了之後再學習，或是規則與應用同時學習？最後一種是唯一可用的進程，否則在學會規則之前，不會確定其用處。然而，必須將這些規則依時分類，因爲若沒有將規則連結在一起，則很難記住。因此，學習語言要先學文法。

現在我們必須提出教育的整體目的，及達成目的的方法：

1.心靈能力的普通培養與培養特殊心智能力不同，目的在技巧與完美，而在強化一般性的心智能力，非傳授任何的特殊性知識。這種教化可能是具體的，也可能是道德的。前者主要是依賴練習與訓練，不需讓孩子學習任何「道德律」（maxims），學生僅僅消極的遵循他人指示即可。後者不是依靠訓練，而是依靠「道德律」。倘若道德的訓練植基於示範、威嚇、懲罰等，則一切皆會無效。如此僅是一種訓練。我們必須見到孩子行爲正確乃是出於自身的「道德律」，而不只是出自習慣；不僅做了正當的事，而且是因爲正當才做，因爲行動的整體道德價值皆蘊含在善的「道德律」中。身體的教育與道德的教育迥異，對孩子而言，前者係消極的，而後者是積極的。兒童應該常常瞭解行動的原則，及其與義務觀念的關係。

2.特殊心靈能力的培養——包含認知、感覺、想像、記憶、注意力與智力的培養，即爲理解的低層能力。感覺的培養，視覺前已述及。至於想像力的培養，要注意的是兒童通常有十分靈活的想像力，不需藉故事的閱讀來擴展或強化，而需要以規則來抑制，但同時又不應使之想像停滯。地圖上的某些東西會吸引每個人，甚至是幼兒，當他們厭煩所有其他事情時，仍將藉由地圖來學習，這對孩子是很好的娛樂，因爲此時的想像不容許漫遊，而必須限制於某些形狀裡。或許我們可以先從地理教起，同時增加一些動物、植物等的認識，這會使地理的學習更加生動。不過歷史可以晚一些再教。至於注意力方面，要注意此種能力需要普遍的強化，思維固著於一個對象沒有彈性，反使心力減弱，因其並無樂趣。然而，分心是教育的敵人，記憶依靠注意。

關於高層心靈能力的培養，包括瞭解、判斷及理性。瞭解或許可先以消極的方式培養，或舉例證明規則，或藉由特殊的例子來發現規則。判斷顯示瞭解的用處，爲了懂得所學或所說的，瞭解是必須的，如此才不致於只是一再重複而並不懂得。竟有許多人在瞭解其所聞所讀之事之前，便相信了它們。透過理性使我們洞察原則，但必須記住的是，此處所談的理性仍需要說明，因爲不應鼓勵孩子老是在推理，亦不該老在孩子面前對他們缺少概念的事物推理。我們在此並不處理思辨理性，而僅根據因果關係對實際發生之事的反省，在於處理和運作實踐理性（practical reason）。

培養心靈能力的最好方法是自行去做一心想要實現的事，例如，將我們所學的文法規則運用於實際上，能自行把地圖畫出來時，就能對其完全瞭解。最佳的瞭解方式便是去做。學得最徹底、記得最清楚的即是自己教自己所得的。然而，很少人能做到這一點，這就是自我教導（self-taught）。

在培養理性的歷程中，我們必須依據蘇格拉底的方法，蘇格拉底自稱是聽眾知識的「產婆」，其在對話中提供例子，那是柏拉圖以他的方式保存下來的。即使是對成年人，也可各自從其理性中汲取觀念。兒童不需練習這種理性，他們不許對任何事論辯，不必知道一切與教育有關的原則；不過，當義務問題出現時，就應該使其瞭解那些原則。但大體上我們應試著基於理性引出他們的觀念，而不是將這些觀念導入其心靈。蘇格拉底的方法應可形成問答法（catechetical method）的規則，這樣做眞的有點慢，而且難以使孩子從中學得新知。機械式的方法對某些科學也有用，例如在神啟宗教（revealed religion）的解釋上。另一方面，關於普遍性的宗教就必須使用蘇格拉底的方法，而在歷史的學習上，機械式的問答法亦相當值得推薦。

第五章　道德陶冶

道德陶冶必須以「箴言」（勸勉規戒的言詞）爲基礎，不是紀律；一方面防止養成惡習，另一方面培養心靈思考。因此，必須使兒童習慣遵照「箴言」而不是任意行動。由紀律形成習慣會隨著年齡的增長而減少其影響力。兒童學習依「箴言」而行爲能夠自己看出其道理。使幼兒實現這原則是有些困難，所以父母和教師在道德陶冶方面需要大量明見。

譬如小孩說謊，不應責罰他，但可以表示不以爲然，並告訴他再這樣以後將無人信他和愛他。如果兒童行爲惡劣就處罰，表現好就獎勵，他將只爲了獎賞而做正確的事；當他走入世界時，發現不是做的好都有賞，也不是做壞事都會得到處罰，那麼他將會成爲一個只想如何在世界中順利或得到好處的人，而不在乎所做的事好壞。

「箴言」必須在人類中如此開始。在道德陶冶中應儘早向兒童灌輸是非觀念。想要樹立道德，必須廢除懲罰。道德是神聖而崇高的，不可將其貶低與紀律等量齊觀。在道德教育中，首先要努力的是品格的形成。品格主要在於願意以「箴言」作行爲的依據。開始時是學校的「箴言」，然後是人類的「箴言」。起先兒童遵守規則。「箴言」也就是規則，不過是主觀的規則。箴言是從人的理解出發。雖然處罰必須適如其分，若沒有違反學校的規定，就不應處罰。

要形成兒童的品格，最重要的是提醒他們每件事都有一定的安排、一定的規則；而且必須堅持這些安排和規則。譬如睡眠、工作、娛樂，必須有固定的時間，不能縮短或延長。無關緊要的事可以讓兒童自己選擇，不過一旦制定一種規則，就必須遵守到底。無論如何，我們必須使兒童形成的是兒童的品格，而不是公民的品格。

不規律的人不可信賴，要瞭解他們並信賴他們很困難。我們經常責備有規律的人——每件事都按時做，每個行動有固定時刻——可是我們的責備常常不合理，這種精確性，雖然看似迂腐，從長遠處看來，卻有助於品格的形成。

最重要地，服從是兒童品格中（特別是學校的學生）的主要特徵。服從包含兩面，即絕對地服從師長的命令，以及服從其所認爲是好且理性的意志。服從可能是強迫的結果，那是絕對地；也可能是由信心產生，這是第二種服從。這種自願地服從非常重要，但前者卻是必要的，因爲即使他不喜歡，卻是練習日後作公民必須服從法律的準備。

因此兒童必須服從某些必要的法規。不過這些法規必須是普遍的、尤其在學校中要牢記在心。師長不應對某個兒童有偏好或偏愛，因爲那就失去了普遍性。一旦兒童看到別的兒童可以不像自己般的守規，將立即變得不再聽話。

我們常聽人說，要讓兒童自願地去做各種事。在某些情況下，的確如此，而且非常恰當。但除此之外，還有很多需讓兒童面對的義務。這將對他們一生大爲受用。因爲在納稅、服公職和從事許多事情上，必須由義務來引導，而不是出自意願。即使小孩不能領會義務的道理，也要讓他們依指令而行；雖然兒童不能領會如成人般的義務，卻總能領會兒童應有的本分。如果他能瞭解這一點，將隨其年齡的增加而服從性更加完美。

兒童違反命令就是不服從，這會招致懲罰。即使是因爲疏忽而違反命令也需要懲罰。懲罰有具體的和道德的。當我們剝奪兒童對榮譽和愛的渴望（一種有助於道德養成的渴望）時，譬如：冷漠和疏遠，就是道德的懲罰。儘管兒童的這種渴望應當儘可能地培養，這種懲罰還是最好的，因爲這有助於道德的養成，譬如小孩說謊，一個輕藐的眼神就足夠了，而且也是一種最好的懲罰。

具體的懲罰主要是拒絕兒童的請求或是使之痛苦。前一種與道德的懲罰近似，且是消極的。第二種必須小心使用，以免養成奴性（indoles servilis）①。給兒童獎賞沒有多大用處，只會造成他們自私和貪利的性情（indoles mercenaria）②。

更進一步說，有兒童應該的服從和青年應該的服從。懲罰是隨著不服從而來。有

---

① 拉丁文：字面意義爲一種奴隸的性情。

② 拉丁文：字面意義爲一種貪利的性情。

眞正自然的懲罰和人爲的懲罰兩種。自然的懲罰是自作自受，譬如兒童由於貪吃而生病，這種懲罰是最好的，因爲一個人終身都需服從這種自然的懲罰，而不是只有在兒童期。兒童期望被愛和被尊重，可以選擇對其性格有持久作用的懲罰方式。具體的懲罰只是彌補道德懲罰的不足。如果道德的懲罰沒有任何作用，最後只好求助於具體的懲罰，不過這對形成良好品格毫無用處。但是在開始時具體的限制可以代替反省。

懲罰時有怒色沒有益處，那將使兒童把懲罰看成是發怒的結果，而成了憤怒的犧牲者。按常規對兒童施予懲罰必須非常謹慎，要他們知道懲罰的目的在使他們進步。在他們被責罰後還要他們去親吻責罰者的手是愚蠢的③，那樣只會使兒童變成奴隸。如果經常使用體罰，將會使兒童變得倔強，而且父母如果因爲兒童頑固而處罰他們，

③ 這是德國常見的習俗，被懲罰的兒童說「非常謝謝」（Danke schön）和親吻懲罰者的手來實際地表示他們的謝意。

他們常常會變得更加頑固。不過頑固的人不一定是最壞的，他們時常很容易接受善意的忠告。

成長中青年的服從必須與兒童的服從分開。前者主要在於服從於義務的法則。履行義務是服從理性。對兒童談義務徒勞無益，他們以爲若做得不好，結果就是鞭子臨身。兒童可能只由本能引導；可是他長大了就要有義務觀念。同時羞恥的觀念不適用於兒童，只能留待青年時再用。因爲只有榮譽感萌芽後，才有羞恥感。

建立兒童品格的第二個要點是誠實。這是品格的基礎和本質。說謊的人沒有品格，即使他有些好處也只是氣質造成的。某些小孩有說謊的傾向，常常是由於他們有一種生動的想像力。父親的職責是使他們改掉這種惡習；母親們通常不以爲意，甚至反而以爲孩子聰明靈巧而高興。這正是利用羞恥心的時機，因爲在這種情況中孩子會完全瞭解。說謊時臉紅是不由自主，但卻未必只是由於說謊而臉紅，因爲我們常常也因無恥的人說我們的過失而滿臉通紅。除非兒童說謊立即導致某些危害，否則就不必懲罰他們來讓他們說出眞相；要懲罰他們的過失。不去重視他是對他說謊最適當的懲罰。

懲罰可以分爲消極的和積極的。消極的懲罰適用於懶惰與邪惡④，如說謊、不聽話。積極的懲罰可用於惡意的行爲。但最重要的是不應對兒童懷恨在心。

兒童品格的第三個要點是群性（或合群）。他必須與其他兒童建立友誼，但不必總是由他自己開始。事實上，學校中有些教師反對學生間的友誼，這是很大的錯誤。兒童應該爲自己最甜美的生活樂趣做準備。

如果一個教師特別喜歡某個兒童，應該根據品格而非才能，否則與友情相反的嫉妒必將會隨之而生。

兒童應該如陽光般敞開心胸並感到愉快。只有愉悅的心才能發現善的幸福。使人

④ 林克（Rink）和舒伯特（Schubert）加了「好爭吵」這個字。（英譯註）

消沈的宗教是錯誤的；因爲我們應當以一種歡喜的心而不是緊張的心情來侍應上帝。

兒童有時候需從學校的束縛中解放出來，否則他們本性的愉悅將很快地被消滅。當兒童得到自由時，很快就能尋回他本然的靈活性。有充分自由之樂的遊戲，兒童輕鬆自在的比賽，他們的心靈將開朗而愉快。

許多人猜想青年是人生中最快樂最美好的時期，但其實未必如此。這是最苦惱的時期，因爲是在嚴格的紀律下，很少能夠選擇自己的朋友。如荷拉斯（Horace）所說：這孩子已經受夠了，也做夠了，他已經受盡冷酷和炙熱的煎熬。

教導兒童應該切合於他們的年齡。許多父母喜歡他們的兒女早熟；但這樣的兒童通常也不會變出些什麼。兒童可能聰明，但只是兒童的聰明。他不必仿效大人的舉止。對兒童說他不懂的道德言詞，只會使他變成一個模仿者。他應該只有一個小孩的理解力，不必急於表現。一個早熟的孩子不會成爲有洞見和清楚瞭解力的人。追隨時尚、燙髮、穿流行服裝、甚至帶著成人的用品，都不適合孩子，他將因此學到不適於兒童的舉止。有禮貌的社會對他是負擔，他完全缺乏成人的心情。因此必須及早避免兒童有虛榮心，且應使他沒有機會變得虛榮。成人在兒童面前閒聊時，不應該告訴他們如何漂亮、什麼衣服適合他們，或答應他們以精美的東西做獎賞。華麗的衣服不適合兒童。他們必須接受整潔簡單而必須的衣服。同時父母不應該重視或讚賞自己的衣著，因爲到處都一樣，榜樣都是強而有力，不是增強就是破壞好的戒律。

第六章 實際的教育

實際的教育包括：⑴技巧；⑵普通智慧；⑶道德。技巧是透澈，不是膚淺。做不到的事，不要自以爲知道。技巧在於通透徹底，必須逐漸成爲習慣，是才能所不可或缺的。

所謂普通智慧主要指有效利用技巧的藝術；也就是，靠別人達到我們的目的。這是人所能得到的一項性質，是日後發展出來的。

兒童要作到謹愼，必須學會掩飾情感，並自我克制，同時也要學習去覺察別人的性格。爲了培養自己的性格，他必須練習克制；禮節是外在行爲的藝術，是我們必須具有的一種藝術。雖然覺察別人的性格很困難，但我們還是要這麼做，且不失去自己的矜持。爲此有些掩飾是必要的；也就是說，必須隱藏我們的缺點，並維持體面。這不算欺騙，雖然會近似不誠懇，有時是勢所必然。掩飾不過是一種極端的權宜之計。夠聰明就不該動怒；另一方面，也不應該太冷淡。人要勇敢而不可粗暴，兩者截然不同。勇敢的人渴望發揮其意志力，這種渴望需要控制激情，謹愼與脾氣有關。

道德是性格的實際成分。忍耐和抑制[1]是溫和的初步。形成良好性格的第一步要把激情放在一邊。我們必須小心不把欲望和偏好變成激情，學習放開不如意的事。抑制指忍耐並習慣於忍耐。勇氣和委曲自己是必須的自制途徑，我們要習慣於反對意見，習慣於所求不得等等。

「憐憫」[2]是性情之本。制止兒童軟心腸的憐憫習慣。「憐憫」的確出自心軟，

---

① Sustine et abstine（忍耐和抑制）。

② 康德（Immanuel Kant）使用「同情」（Sympathie）這個字的涵義，不同於一般德文和英文的涵義，他採用較嚴格的涵義，即只是痛苦的情感，沒有引起協助的行動，而憐憫（Mitleid）是與想去幫忙的願望結合在一起的情感。同情是被動的，憐憫是主動的。（英譯註）

比較：康德在其《全集》第四卷（Werke, vol., ix, p.317）《道德形上學》〈德性論〉（Tugendlehre）中所說的「一起快樂或一起痛苦的同情（Mitfreude und Mitleide（sympathia moralis））都只是情感，因此不能說是道德的責任，道德的責任主要在於把這些情感當做工具，來表示實際的或理性的善意

且是纖細的感性品格，與熱情不同，只在對某些事難過時發生，乃是一種過惡。給孩子些零用錢，讓他們幫助貧苦的人是件好事；由此可以看到他們是否眞正有憐憫心。但如果他們只是慷慨的用父母親的錢，就不必做這種試驗。

所謂穎悟表示經常的活動，從其中我們必須很快學習很多東西——即是聰穎。但也必須學習徹底，那就需要時間；因而要敏捷。問題是膚淺的知道一大堆事情好，還是徹底的知道少數的事情比較好。知道得少而徹底，比知道得多而膚淺好；因爲人們日後才能夠意識到膚淺知識的淺薄。但是兒童還不知道什麼情形需要什麼知識；因此，他最好對所知道的必須透澈，否則將會用他那淺薄的知識去欺騙並迷惑別人。

我們最終的目的是形成品格。品格包括以堅定的決心作事，並要確實的完成。賀

（'als Mittel zur Beförderung des thätigen und vernünftigen Wohlwollens'）（英譯註）

拉斯（Horace）所說，堅持到底[3]就是一種好品格。例如：一個人決心做一件事，無論多麼不順利也必須完成；想要做而不做的人，將對自己不再有信心。譬如一個人下定決心每天早起讀書、做事或散步，但在春天卻說，早晨還很冷，早起有害健康；而夏日炎炎正好眠，睡眠倒是舒服事，於是日復一日，最後對自己完全失去了信心。

違反道德的事，不在決心要做的事之內。一個意志薄弱的人品格低劣，不能稱之爲品格，只是頑固；看他執意做一件事時，不能不稱許他有決心，如果他把這種決心用在作好事上就好了。

想要做而不做的人一輩子都一事無成。我們不能希望只說將來怎樣怎樣的人能做什麼好事。一直生活在墮落中的人無法突然轉變，期望這樣的人突然變成善良正直是不可能的奇蹟。基於同樣的理由，我們不能期望長期苦行、懊喪、齋戒有什麼好；因

③ Vir propositi 拉丁文：字面意義爲一個堅定其目標的人。

爲很難看出這些習俗如何能夠突然把一個惡人變成有品德的人。一個白天齋戒斷食，而晚上大吃大喝的人如何能變得正直上進；只讓身體受苦能改變心靈嗎？

要形成兒童道德品格的基礎，必須注意下述幾點：

我們必須儘可能示範給兒童履行的義務和規則。兒童必須履行的義務只是對自己和對別人的普通義務。這些義務必須是某些問題的自然結果。因此，更切近的是：

1. 兒童對自己的義務。雖然兒童的食物要有營養，衣服必須整潔，但兒童對自己的義務並不在於鮮衣美食，也不在於滿足慾望和愛好；相反地，他應該非常有節制並節儉。他的義務主要在於知道人有人的尊嚴，尊嚴使人超出其他物類之上；因此，他的義務就是使自己的行爲不褻瀆人性尊嚴。例如，在我們耽溺於飲酒或犯下反自然的罪惡，或從事種種不正當的行爲，都使人墮落得遠不如禽獸。尤其是阿諛奉承、卑躬屈節，藉這些毫無尊嚴的行爲逢迎，都違反人性尊嚴。

我們能夠很容易地讓兒童知道人性的尊嚴，甚至就在他們自己身上，例如，骯髒對人是不適當的。而說謊更使小孩貶低自己，而失去人的尊嚴。因爲謊言雖然代表思考能力及與人溝通的能力，但是卻受人輕視，並失去其做人所應得的尊重與信任。

2.兒童對別人的義務，是應該儘早學習尊敬並重視別人的權利，我們必須注意這種尊敬表現在兒童的行動中。例如，遇見一個貧窮的孩子，粗魯地把他推開或打他時，我們不可以對他說：「不要那樣，你會傷害他；你應當可憐他，他是一個窮孩子。」小孩還沒有慷慨的觀念，沒想到周濟窮孩子。譬如，若父母告訴小孩把他的奶油麵包分一片給別人，而他不一定還有第二片時，小孩不是拒絕就是勉強服從。小孩不懂得慷慨時，要求他慷慨並無用處。

許多作者（如葛魯格，Crugott），在教導道德對自己的義務的那章，不是過度簡略，就是做了錯誤的解釋。正如前面已經說過的，我們對自己的義務主要在於衛護自身本有的尊嚴。人心目中存著人的觀念，才能反求諸己。在這個觀念中，藉著自行比較而發現人之所以爲人的根源。隨著年齡增長，只有人的尊嚴才足使年輕人維持在某些範圍中的轉捩期。不過，青年必須能得到一些適時的提示，使他們瞭解什麼會受到讚許，什麼是不足採信的。

幾乎我們所有的學校都缺乏某些形成兒童正直個性的方式，也就是一種正確行爲的教義答問。這應該在一種通俗的形式中包含日常生活中有關對和錯的問題。例如，一個人有一筆今天要支付的債款，但他看見另一個人急切地需要錢，基於憐憫心，把這筆屬於債權人的錢給了那個人。這是對的還是錯的？

答案是錯的，因爲我們必須先盡責任而後才能慷慨。當我們施捨時，做了一個值得讚賞的行動；但還債卻是我們不得不做的事。

其次，謊言可以用「不得不」來自圓其說嗎？當然不，謊言怎麼說都不成理由。如果這原則不嚴格堅持，孩子們將會用一點點小理由作藉口，而經常說謊。如果有像這樣的一本書，每天花一小時來研讀，可以很有益處，由此孩子們可以在正確的引導下把正當作爲深植心中——這就是地球上上帝眼中的寶物。

至於「仁慈的義務」，並不是絕對的。我們要激發兒童的同情心，但不必因可憐別人就以爲有義務去幫助他們。兒童不必太重情感，但要有充分的義務觀念。事實上許多人冷酷無情，是因爲他們曾經因憐憫而受了欺騙。告訴孩子善意行爲毫無用處。宗教之師常把仁慈行動解釋爲善意乃是錯誤，這樣是不知道我們所要爲上帝做的就是我們不得不做的。好好地對待窮人不過是我們的義務。因爲人的貧富差距只是出自於偶然的情況。如果我富裕，我應該感謝境況順利還是我的前輩？我們的整體考慮永遠在此。

告訴兒童比較自己和別人的優點，只會引發他的嫉妒。他只應拿自己和自己的理性概念比較。因爲謙卑只是將自己的價值與道德完美做比較。像基督教教人謙卑，並非宣講謙卑，而是和最高的完美比較。把謙卑當作貶抑自己是可笑的。看！這個孩子和那個孩子多好啊！這種讚嘆只帶來很不高尚的想法。因爲一個人根據別人的優點來估量自己的價值時，不是將自己抬高到別人上頭，就是削減別人的價值，這就是嫉妒別人。於是只找別人的錯處來顯示出自己比他好。因而用錯了好勝心，只生出嫉妒。但是爭勝好強有時也可用於正當目的。例如讓兒童作一項工作，告訴他別人可以很容易就做到，會使他相信做到的可能性。我們決不能允許兒童貶低別人。

必須避免基於幸運而生的驕傲。同時也必須為兒童建立率直的個性，這是一種對自身謙虛的信心，這樣在其立身處將會恰當地展現他的天賦。自信和粗野不同，因為粗野是不在乎別人的批評。

人類所有渴望的東西不是形式的（在自由和力量），就是物質的（定出一個對象），即是想像或享受，或是渴望兩者加起來成為幸福的要素。

第一種渴望是榮譽感（雄心壯志）、是權力慾和占有慾。第二種是性的享受（性慾）、物質享受（安逸的生活），或社交的享受（休閒趣味）。第三種渴望是愛生活、愛健康、愛安適（未來無憂無慮）。

罪過不是心腸狠毒，就是行徑下流或心胸狹窄。第一種是：嫉妒、忘恩負義及幸災樂禍；第二種是：不公正、不誠實（詐欺），放蕩，乃至浪費財物和健康，以及放棄榮譽。第三種則是無愛心、吝嗇和懶惰。

德性可能是價値，或是責任，再或者是天眞無邪。屬於第一種的是：高尚（在於對憤怒、希圖不勞而獲、和占有的自我克制）、仁慈以及自作主宰；屬於第二種的是：正直、禮儀中節及和氣；屬於第三種的是：眞誠、莊重和知足。

然而人究竟是天生道德的，還是生而即惡的？兩者都不是，因爲人並不是天生的道德動物；只有當其理性發展到義務和法律的觀念時才是道德人。因此可以說，人原本趨向於惡，因爲他有天生意向和本能趨向惡，而理性則驅使他趨向善。人只能靠德性即是由自我控制而變善。不過，他的邪惡趨向可能睡著而成爲天眞無知。

罪惡大抵由於文明破壞了自然，而人的天命則是從動物的野蠻狀態走出來，使完美的藝術變成另一種自然。

教育全在於建立正確的原則，引導兒童瞭解並接受。原則是兒童必須學習免去反抗和荒謬厭恨；不必怕別人和神的懲罰而懼怕自己的良心；建立自重和內在的尊嚴，以正確的意見代替別人的；以行爲的內在價值，代替衝動的言詞和行動；學習用理解代替情感作用，以及幽默的歡愉和虔敬來代替憂鬱、膽怯沮喪。無論如何，我們必須使兒童不過分相信「運氣」（merita fortunae）④。

從宗教方面看兒童教育，首先是否要教導幼兒「宗教概念」？教育著作中對此有很多討論。宗教概念免不了神學，年青人還不認識自己，更不認識世界，怎能教他們神學？年輕人對義務還一無所知，怎能知道對神的直接義務？可知的是，教養兒童不可以只教他們敬神的動作，不必對他們說到神，在順序上對事物教以因果關係，與人類有關的事項，使他們能明辨；教給他們自然的秩序和完美，再加上點宇宙的廣博知

---

④ 拉丁文：命運的功勞（英譯註）。

識，然後可能時，教他們一個最高的存有（Wesen[s]）—立法者。然而這個方式現在的處境下是不可能的，我們不能防止兒童聽見神的名字或看見人們敬奉神，若等他們長大後再教，則不是毫不理會，便是誤解——例如，對神力的恐懼。爲免恐懼會停在兒童的想像中，必須及早將宗教觀念教給兒童。但這不應該是記憶或模仿，而是選擇合乎自然之道的。在沒有義務、責任乃至好壞行爲的抽象觀念下，兒童仍會見到一種義務的法則的存在，以及要肯定的不是舒適、功用等等，而是某些不由人作主的普遍之物。教師本身就先要有這種觀念。

我們首先必須將一切歸諸自然，再將自然歸之於神，就像一切被安置在萬物並生的和諧之中，同時爲人的長遠之計是得到幸福。神的觀念最好先以父親照顧我們那樣做比喻，然後進一步指出全人類就像一個大家庭。

那麼究竟什麼是宗教呢？宗教是我們內在的法則，那是在我們之上的立法者和法官。是神知的道德應用。倘若不將宗教和道德接連在一起，就變成只是邀寵。讚美、祈禱、進教堂只會給人活力、增加勇氣以求進步，或是對心靈中義務觀念的喚醒。這些可作良善工作的初步，並非即是良善工作；除非人變得更好，沒有眞正取悅神的方法。

教兒童要從他們內在的法則開始。惡人會自覺可鄙，這是與生俱來的，並非由於神禁止惡。因爲立法者不一定是法律的首倡者。例如一位君主可以在其領地中禁止偷盜，但並不因此能稱之爲禁盜的首倡者。由此可知，只有良好的行爲才能使人幸福。神的法則要當作是自然法則，因爲它不是虛擬的。所以宗教屬於一切道德。

但我們並不一定要從神學開始。純然在神學上建立的宗教不包含任何道德。因此除了恐懼和祈福之外，不會生出其他情感，只有迷信的儀式而已。由此，道德必須在前，神學在後，這才是宗教。

我們內在的法則叫做良心（Gewissen）。正確的說，良心即是依法則行事。如果不把良心視爲神的代表，良心的譴責就毫無效果。神在我們上面搭起了法庭，並在我們內在設立了裁判席。如果宗教不加上道德的正直良心就沒有作用。沒有道德的正直良心的宗教只是迷信。人用讚美神、推崇祂的力量和祂的智慧，而不去思考如何實現神的法則，甚至不去認識並追索祂的力量和智慧，那些讚美就成了良心的毒物，成了沉睡的枕頭。

兒童並不瞭解所有的宗教觀念，雖然有些還是可以教給他們；不過必須是消極的多於積極的。讓兒童誦唸公式沒有用處，只生出些錯誤的虔敬觀念而已。眞正敬神是要依神的意志行動，這才是我們必須教的。上帝這個名稱不是空號，這一點對我們和兒童都一樣。人藉神祝賀朋友，即使誠心誠意也是誤用聖名。在每次說神的名字時，都應該存著敬畏，而且要響亮。兒童必須學習像對生命和整個世界的主宰那樣敬畏，或像愛護人或審判官那樣。據說牛頓（Newton）在說到神的名字之前，必先靜止並沉思一會，以示尊敬。

藉說明統一神及義務的觀念，兒童學到尊敬神對造物的關懷，由此不再破壞和殘忍的折磨小動物。同時也應該教兒童發現惡中之善——例如肉食動物和昆蟲既乾淨又勤勞；同樣的，惡人促成立法和審判，鳥兒吃蟲子能保護花園。

因此，我們必須教給兒童一些有關最高存有的觀念，使他們在看見別人祈禱時，知道是向誰祈禱和爲什麼。但這些觀念不需多，而且像前面說的，是消極的。我們必須及早教給他們，不必因宗教儀式而尊重人，因爲教派雖然不同，宗教卻到處都差不多。

總而言之，在年輕人進入成年期前還有些要特別注意之點，在這個時期，他們要做些以前不曾做過的辨別。首先就是性。自然在這上頭多了一層迷障，彷彿這種事對人來說並不完全適宜，只有動物才需要。不過，自然想儘可能把這件事與道德連結在一起。即使野蠻的國度也認爲可恥並持保留態度。兒童有時也會向成年人提出好奇的問題，如兒童從何而來？然而他們很容易就會滿足於成人所給的不合理且無意義的答案，或者告訴他說這問題太幼稚。

這種傾向是在青少年身上機械性的發展，就像所有本能一樣，並不知道確定的對象。因此，我們不能使青少年陷於無知和天眞。沉默只會使得邪惡更增加。在我們前代的教育中已看到了這點。而在近代的教育中，已經正確地設想要開明、清楚且肯定地來和青少年談論。這是一個微妙的問題，因爲不適合公開談論。但若同情青年新生的衝動，也可以順利進行。

十三、四歲通常是青少年「性」發展的時期（因此，倘若它提早發生，必然是由於被誤導），他已經有了判斷力，天性已經使他們可以談論這件事。

沒有東西像肉慾那樣讓人的精神和軀體衰弱，而且與人性背道而馳。然而人們不需要對青少年隱瞞。我們必須爲他們說明其最鄙劣之處，告訴他們：性慾對種族繁衍沒有用處；體力卻因此而被消滅；人也因此而早衰，且其智力也因此而削弱。

我們可以超脫這些衝動：即常常做些事，除非必要，不將時間浪費在床上睡覺。人們可以常常忙著做事而打消慾念，因為，對這些雖然只是想像，也會侵蝕生命力。人們如果將其心意指向異性，總會有些障礙；但若對方有意於我們，我們就隨時都能滿足他們了。性慾對生理的作用極其有害，從道德結果說則更糟糕。慾念跨越過了自然的界限，會一往直前，卻得不到眞正的滿足。對於正在成長的青少年，教師要提出這樣的問題：「青少年是否可以與異性交往？」當我們必須決定可否時，有一個比較好的：因為前者反對自然並不好，還是後者為是。年齡達到生殖期，也就是繁衍種族時，自然會呼喚他要成為男子漢。然而文明國家使得青年經常無法在此時結婚並養育子女。否則將違犯社會規約。因而最好的辦法也是青年的義務，等待狀況允許時再結婚，那時他不但做得像一個好人，並且也是一位好公民。

年輕人應該及早學到對異性的適當尊重，也透過沒有惡劣行為來獲取異性的尊重，然後再努力謀求幸福婚姻。

在青少年開始進入社會時，第二種辨別乃是有關人類之身分和不平等的知識。

人們根本無需讓小孩子注意這點。甚至不准年輕人對僕役下命令。父母親對僕役下命令時，可能告訴兒童：「我們給他們飯吃，所以他們服從我們；你不給他們飯吃，因而他們也不需要服從你。」如果父母沒有把這種錯誤觀念教給兒童，兒童並不知道這些。青少年要知道的是，人的不平等是由於社會結構中一個人努力利用別人。凡人皆平等的意識和眾人之間的不平等，要逐步漸漸的教給年輕人。

青年應習於絕對的自尊，不必和別人相比。不以人之眞價值讚美人乃是虛譽。更進一步，教青年光明正大的對事對物，不只是表面如此，而是努力這麼做。我們必須使他們注意不做空洞的決定。如果拿不定主意，就不要作決定。教他們對外在情況知足，對工作有耐心—也就是「忍耐和抑制」，對歡愉有節制。如果我們不只求歡愉，而耐心工作，就會變成共同存在者中的一個有用的成員，並保證不會無聊。

再進一步，我們要依下列各項鼓勵青年：

1. 要心情愉快——心中喜悅出於對自己沒有指責。

2.要心境平和——用自律使自己成爲社會中的一員。

3.要把很多事看成義務——所謂値得做的是想要如此，而在實現我的義務。

4.要愛人及物，要在心靈中喜愛：⑴自己；⑵教養我們的人；⑶世界的進步。必須讓兒童明白這些愛好，由此使他們心中得到溫馨。他們應該學著爲世界的進步而高興，即使不在本身或本國的利益。

5.不要指望生命中只有賞心悅目的事，孩子氣地怕死心理就會消失。爲青少年指出享樂不一定必然實現。

最後，藉指出日常對自己的反省是必要的，如此可以在生命結束時，對自己的價値做一個評量。

人格教育實施重點

人生而有動物性，又有潛在的善性，潛在的善性需要發展成為人性，具有人格，才能成為高尚的人，因而需要教育。故而培植人格是教育的主要工作。

一、人格教育的原則

㈠依身心發展的階段實施教育：分嬰兒、幼兒、兒童、少年、青年等階段。
㈡以誠實和仁愛為教育核心。
㈢以知而能行為教育重點。
㈣培養基本的生活習慣：飲食、睡眠、衛生。
㈤訓練正確的行為和行動。
㈥啟發對自己行為的反省意識。
㈦以做為一個正當的人為目的。
㈧家庭、學校、社會共同負責教育。

二、教育者（父母、教師、常常接觸的長者）的守則

㈠以身作則，作兒童的榜樣。

㈡隨時隨地教導，堅持原則，始終一貫，不姑息，不容有例外。

㈢不因自己的喜怒改變教導的態度：喜時不縱容，怒時不以兒童爲發洩目標。

㈣不用哄騙爲手段。

三、教育的主要事項

㈠服從：必須聽話，允許作的才能作，不允許的不准作。

㈡忍受：忍受不能如願的不愉快。

㈢自制：自動的作成人命令作的事，或不作不准作的事和行動。

㈣立志做正當有用的好人。

四、教育的階段和方法

※階段一：胎教期

㈠時間：出生以前。

㈡目標：孕育健康的胎兒。

健全的人格寓於健康的胎兒。雖然目前仍缺乏科學、醫學證據，證明受孕條件對胎兒健康的影響，但是從精卵細胞結合的那一刻，新生命開始孕育，必然受到夫妻感情、母體健康、孕婦心情、環境條件等影響，因此古人注重胎教，不是完全沒有根據的。因此從受孕開始，孕婦必須特別注意攸關胎兒發展的一些影響因素，以免產生不良的影響。

㈢注意事項

1.定期依照醫師指示做產前檢查。

2.懷孕期間應特別注重營養補給，少吃甜食，戒絕菸酒，避免刺激性飲料。

3.依個人狀況補充休息和睡眠，並注意控制適當體重的增加。

4.特別注意不可以蹲著工作、手持重物、踮腳尖取物、持物走遠路、搭劇烈升降梯等，以避免發生意外事故，影響胎兒正常成長。

5.要保持情緒穩定，多閱讀有益書報、聆聽抒情音樂、欣賞優美藝術作品、到郊外欣賞大自然美景、避免衝動、焦躁、焦慮的情緒。

※階段二：嬰兒期

㈠時間：出生～一歲。

㈡目標：保育並建立嬰兒的安全感。

從離開母體安全舒適的子宮，不僅需要母親恰如其分的照顧，更需要母親的適度親愛與偎抱，以建立嬰兒的安全感。所以適度的保育撫養，是父母的責任。

㈢注意事項

1. 特別注意事項

(1)不要打擾嬰兒睡眠，不必拘泥哺乳和換尿布的時間，應根據經驗而不是堅持書本上的記載。

(2)不要拿嬰兒當玩具。

(3)不要給嬰兒穿著過多保暖的衣物或綑綁過緊。

(4)不要自私的按照父母的習慣與方便，應該尊重嬰兒的需要。

2. 日常保育注意事項

(1)哺食母乳前母親應先喝適量的水，並且要先洗手和清潔乳房。

(2)哺食代用乳類者應慎選適合嬰兒的奶粉。

(3)哺乳時應以正確姿勢抱持嬰兒。

(4)在兩次餵奶之間，可依嬰兒需要餵以適溫、適量的開水。

(5)嬰兒的寢具以輕柔、暖和、安全爲主。

(6)保持室內空氣的流通與適當的室溫（以攝氏二十四～二十七度爲宜）。

(7)應適時的抱持嬰兒至室外，以熟悉室外氣溫的變化。

(8)沐浴前應準備嬰兒專用的浴盆、臉盆、香皀、浴巾、紗布毛巾、棉棒、痱子粉、衣服與尿布等必須用品。

(9)給嬰兒洗澡時，浴盆內水深勿超過三～四吋，並保持適當的水溫（夏季爲攝氏三十七～三十八度，冬季爲攝氏四十度），每次沐浴時間以不超過十分鐘爲原則，若水溫變涼時，應視實際情況徐徐加入適量的熱水。

(10)給嬰兒洗澡時，一手托著嬰兒的頭，一手托住身體，由雙腳慢慢接觸水，並用水拍濕嬰兒的身體，以適應水溫，然後由上身往下身洗。

(11)洗澡時要注意，不要讓洗澡水或肥皀水濺入嬰兒的眼睛或耳朵。

(12)千萬不要養成不當習慣：例如抱得太早或作息無定時。

※階段三：幼兒前期

㈠時間：二歲至三歲。

㈡目標：培養對人的信任感和初步的服從與自治。

幼兒前期是身心發展最重要的關鍵期之一。諺云：「三歲看大」，幼兒從蹣跚學步到步伐穩定，自牙牙學語到表達意見，和外界互動奠定日後人格發展的礎石。

㈢教育重點

1.練習表達愛

(1)對父母親長：服從父母的話，休息時不吵鬧，會幫忙做簡單的家事，家人生病時懂得關心。

(2)對待手足：能分享玩具、食物及其他東西，並能和氣相處。

(3)對待小動物：能加以愛護，不虐待。

2.遵守秩序

(1)會收好玩具。

(2)會輕聲細語。

3.注意維護安全

(1)教導並示範正確的動作方式，令幼兒模仿，直到正確爲止。

(2)禁止有危險的活動，決不縱容，並隨時注意幼兒偷偷嘗試。

(3)絕對禁止在沙發和床上跑、跳、戲耍。

(4)注意居室及傢具的安全。

4.注意禮節

(1)不在客人面前奔跑、遊戲。

(2)逛街時不會哭鬧。

(3)在別人家作客時要有禮貌（不隨便奔跑、亂拿東西、或在沙發上亂跳）。

※階段四：幼兒後期

㈠時間：三歲至四歲。

㈡目標：注意安全，培養良好的動作習慣。

㈢教育重點

1. 教導自己吃飯、上廁所、按時自動上床睡覺等生活習慣。
2. 讓幼兒幫忙或親手去做可以做到的事，不必要求完美。
3. 培養幼兒刷牙、漱口、洗手等衛生習慣，並讓幼兒自己將垃圾丟入垃圾桶。
4. 培養正當飲食習慣，不邊吃邊玩。
5. 讓幼兒練習用筷子和安全剪刀。
6. 讓幼兒和友伴一起玩、分享玩具和食物、合作不爭吵。
7. 教幼兒以正確稱謂，主動和親戚朋友打招呼。
8. 大人給幼兒講述有想像力故事，對於黑暗或想像的事物要加以說明，以免幼兒產生恐懼感。

9.適時教導幼兒初步認識兩性的差別。

10.利用環境及幼兒有興趣的物品，教導物品名稱以及遠近距離、內外等空間概念，並訓練數數能力。

※階段五：兒童前期

(一)時間：五歲至六歲。

(二)目標：允許兒童自由表現，學習對社會的適應力。

(三)教育重點

1.大人應該特別注意保持情緒的穩定，在快樂氣氛中進行親子溝通。

2.幫助兒童學習認識權威，與別人合作，並且由自己的願望與滿足去體驗別人的感覺與需要，以培養對社會的適應力。

3. 成人要以公平與一致的態度對待兒童，並使兒童清楚明白獎賞或懲罰的原因。

4. 讓兒童學習誠實，以及誠懇對待所有的人，由說故事中鼓勵其誠實，明確嘉許兒童誠實的表現。

時刻注意兒童不誠實的表現，立刻加以糾正，不姑息。

5. 跟兒童說話要簡單明瞭，用他們懂得的語言回答問題。

6. 善用兒童期望得到父母讚許的心理，鼓勵他自發自動控制行爲，養成自制的能力。

7. 利用說故事或事實舉例，提供兒童可以認證的資料，以免除其心理上的孤寂和滿足依屬的需要。

8. 鼓勵兒童把想像的東西說出來或畫出來，讓兒童任意繪畫和製作他想要看見出於自己之手的東西，不用成人的標準衡量他的作品。

9. 提供安全的環境，鼓勵兒童多做戶外遊戲，透過平衡、攀爬、跳繩、單槓、或其他用力操作的活動，練習動作和肌肉的協調。

10. 培養良好飲食習慣，並訓練正確使用餐具以及用餐禮貌。

※階段六：兒童後期

㈠時間：六歲至十二歲（國小階段）。

㈡目標：發展愛與敬的心理，學習誠實的態度。

㈢教育重點

1. 避免懶惰、欺騙、託辭規避。

2. 鼓勵即知即行。

3. 擴大愛人助人的行為，熱心服務，和善待人。

4. 確定良好的學習習慣，定時作息和遊戲。

5. 練習日常生活的初步技能和興趣活動：自己料理簡單的食衣住等。

6. 教師應瞭解兒童身心發展狀況，針對低、中、高不同年級的兒童，選擇適當教材與教法。

7. 教師要幫助兒童建立堅強的意志，能用意志力來控制衝動和盲動，使他們具有貫徹倫理道德價值的行動意志和能力。

8. 教師宜透過教學和團體活動，培養兒童的群性，能夠辨別團體秩序與個人自由、尊重別人的意見、服從多數的決定，發展出於己於人都有利的社會行爲。

9. 教師要特別重視兒童的情緒發展和表現，適時給予輔導。

※階段七：少年期

㈠時間：十三歲至十五歲。

㈡目標：發展合於身心發展的認知活動與道德行爲。

㈢教育重點

1. 性教育方面

(1)提供少年重要的及正確的性知識。

(2)幫助瞭解兩性生理特徵的差異並注意生理衛生。

(3)協助學生檢查生理問題。

(4)瞭解少年對於來自周遭環境的性資訊的情緒反應。

(5)指導少年學習尊重異性。

(6)學校教育應含納家庭生活及性教育的部分。

(7)提醒少年不必急於嘗試性經驗，並知道發生性關係的後果。

2. 道德教育方面

(1)使教室充滿尊重與安全的氣氛，並讓學生共同訂定同學相處的辦法。

(2)提昇學生的榮譽感。

(3)幫助少年發展符合個人與社會道德標準的道德信念。

(4)提供同學一起工作的機會。

(5)讓學生藉由說故事或討論生活經驗中，幫助學生培養同理心。

(6)激勵學生討論道德行爲的價值，亦可以文學、電影與生活經驗作爲討論的題材。

(7)提供道德行爲的典範，以供學生學習。

(8)鼓勵少年做好人（以不傷害他人爲原則）。

3. 生涯規劃方面

(1)提供簡單的工作練習機會。

(2)認識各行各業。

(3)培養工作的興趣。

(4)鼓勵學生尋找可能的工作機會。

4. 輔導方面

(1)提供行爲規範及法律常識。

(2)分享青少年的喜、怒、哀、樂等情感作用的經驗。

(3)利用角色扮演讓學生練習控制情緒。

(4)討論並練習說話與待人的禮儀。

(5)選擇可以陶冶性情的音樂給少年欣賞。

(6)提供實例使學生分辨是非善惡。

※階段八：青年前期

(一)時間：十五歲至十八歲。

(二)目標：養成忠實的品格、發揮個人的才能、確認自己未來生活的目的與方式、探索適合自己的職業類型，以達到自我認同（ego identity）的任務。

㈢教育重點

1.性情陶冶與生活管理

⑴閱讀或觀賞有益身心的書籍或資訊，如：文學經典、旅遊資訊和自然百科等。

⑵選擇適當的休閒活動，如：參與藝文活動、觀賞電影或運動等。

⑶避免不當休閒娛樂，如：飆車、電玩、網路世界中的色情網站等。

⑷學習如何管理自己的生活，如：金錢、時間的管理等。

2.價值觀念的建立：引導青年從實際的生活經驗及體驗中，提出自己欣賞的人、事、物或提出相反的人、事、物，並說出理由，從而確認自己的價值次序及人格類型。

3.人格典範的選擇：使青年提出自己認爲的人物模範，引導其說出人物模範的優點，並學習自己做一個自己所欣賞的人物模範。

4.兩性相處的藝術

(1)教育者用開明的態度和青年討論異性交往的問題及應該注意的事項。

(2)指導青年學習尊重異性和與異性相處應有的禮貌和規範。

5.職業選擇

(1)引導青年認識自己的才能和興趣，並把自己的才能和興趣與自己的理想做比較。

(2)讓青年提出將來想要從事的行業和理由。

(3)引導青年瞭解他所要從事的行業的知識和能力需要。

(4)培養青年對自己和對工作負責任的態度。

※階段九：青年後期

㈠時間：十八歲至二十二歲。

㈡目標：培養思辨能力、堅忍的毅力、審美能力以及道德實踐能力。對眞理的探索能實事求是，以道義來結交朋友並重視知識，達到博習親師、強力而不返的自律道德境界。

㈢教育重點

1.以討論的方式，和學生探討具道德倫理爭議性的社會問題（如廢除死刑、人體複製、同性戀等）來澄清學生的價值觀。

2.鼓勵學生參加社團（尤其服務性社團），以發展其興趣與能力，體驗團隊合作，提昇辦事能力。

3.輔導學生籌辦舞會、競技等活動，以培養學生尊重異性及君子之爭的風度。

4. 幫助學生正確地瞭解自己，訂定適切的學習方向與生涯目標，進一步開拓自我。
5. 鼓勵學生參加讀書會、藝文性社團及正當休閒活動，以提昇審美能力、鍛鍊心智，並有效利用時間。
6. 鼓勵學生擔任義工，服務人群，以培養其道德義務與責任感。

參考書目

中文部分

（以下姓名順序依據漢語拼音方式排序）

陳榮美：康德論道德教育，載於：訓育研究，1996:1-8。

杜威（John Deway）著，彭基相譯：二百年後的康德，民鐸雜誌，1925（六卷四期《康德號》）。

黃英眞：康德論道德教育，載於：民主憲政，1983:14-17。

黃順利：以康德（Kant, Immanuel）道德教育思想論述教師體罰問題，載於：訓育研究，1990:69-76。

簡明忠：康德的「德育觀」在我國國中德育上的涵義，載於：教育文粹，1983:41-47。

郭秋勳：康德、杜威知識論與教育理論之比較及其在職業教育上的啟示，載於：教育學院學報，1985:71-105。

顧仁毅：從康德的實踐理性批判論儒家的道德哲學，載於：國民教育，1984:10-11。

賴賢宗：康德倫理學中的先驗自由與實踐自由及其在道德教育中的涵義，載於：臺北師院學報，1994:459-479。

李明德：康德，載於：外國教育家評傳第一卷，上海：上海教育出版社，1992:695-728。

林秀珍：心靈饗宴—西洋思想家〔洛克、盧梭、康德、彌爾、杜威、羅素與懷德海〕的教育智慧，載於：教育研究集刊，1997:114-136。

歐陽教：康德的哲學與教育思想，國立臺灣師範大學教育學系碩士論文，1963。（正式刊登於《國立臺灣師範大學教育研究所集刊第七期》，1964:163-274）
彭煥勝：從康德的觀點談紀律與自由在教育上的關係，載於：高市文教，1997:45-46。
瞿菊農（譯）：康德教育論，商務印書館，1930。
沈明慧：康德道德教育觀對校園倫理之啟示，載於：教育資料文摘，1993:135-141。
湯志民：康德教育思想對我國國民教育的啟示，載於：國立政治大學學報，1990:151-187。
王秉倫：康德與杜威道德及在教育涵義上的比較，載於：教育文粹，1987:59-72。
王佩玲：康德教育思想及其對兒童教育的啟示，臺北市立師範學院學報第二十二期，1991:121-137。
王欣宜：康德道德思想對目前國小道德教育之啟示，載於：教育研究（高師），1997:331-343。
吳宗立：康德道德哲學對中小學道德教育的啟示，載於：人文及社會學科教學通訊，1999:145-154。
徐宗林：康德（Immanuel Kant）的教育思想，載於：國教世紀，1973:3-6。
葉重新：從康德的道德教育思想論我國的道德教育，載於：中華文化復興月刊，1985:19-24。
葉坤靈：四位西洋思想家的教育改革論點——教育視野之擴展，載於：師大學報，1998:1-19。
俞懿嫻：自律與道德教育：亞里士多德與康德學說比較，載於：東海哲學研究期刊，1995:155-173。
中華雜誌：關於康德（Immanuel Kant）的「何謂開明」與菲希特（Johan Gottlieb Fichte）「告德人書」，載於：中華雜誌，1977:8-14。

朱經農：康德與杜威，民鐸雜誌，1924（六卷四期《康德號》），1-5。
朱啟華：康德德育方法之理論基礎研究，國立臺灣師範大學教育學系碩士論文，1993。
朱啟華：盧梭、康德、洪保德教育思想中能力開展的概念，載於：教育研究期刊，1999:65-76。

外文部分

AJZENSTAT, Samuel: Kant on Education and the Impotence of Reason. [康德論教育與理性的無能] In: Education in the 18th Century. Hrsg. von J. D. Browning. New York 1979, 25-43.

ALMĂŞAN, Dorin: Educaţia fizică in concepţia filozofului Immanuel Kant [Die Leibeserziehung in der Auffassung des Philosophen Immanuel Kant]. [哲學家康德思想中的體育論述] In: Educaţie fizic şi sport [Liebeserziehung und Sport]. Heft 2 (Februar) 1972, 59-62.

ÁLVAREZ DOMÍNGUEZ, Isaac: La filosofia kantiana de la historia. [康德的歷史哲學] Madrid 1985.

AMATO, Sol: The Kantian Critical Philosophy in Relation to Education: A Phenomenological Clarification Directed Toward Theory and Method. [康德批判哲學與教育的關係：導向理論與方法的現象學說明] Univ. Diss: New York University1965 [D.A.I.,26/07-A, p.3774; O.N. 65072-83].

BALLAUFF, Theodor: Einige pädagogische Konsequenzen aus Kants Philosophie. [康德來自哲學的教育學

後果] In: Kant in der gegenwätigen pädagogischen Theorie.VJWP 58, 1982, 273-294.

BECK, Lewis White: Kant on Education. [康德論教育] In:Beck, Lewis White: Essays on Kant and Hume. New Haven-London 1978, 180-204.

BECK, Lewis White: Kant on Education. [康德論教育] In: Education in the 18th Century. Hrsg: J.D. Browning. New York 1979, 10-24.

BLANKERTZ, Herwig: Kants Lehre vom Primat der praktischen Vernunft und Rückfragen pädagogischer Theorie. [康德的實踐理性優先理論以及在教育學理論上的反問] In: Kant in der gegenwartigen pädagogischen Theorie. VJWP 58, 1982, 327-336.

BLASS, Josef Leonhard: Modelle pädagogischer Theoriebildung. Bd. I: Von Kant bis Marx. [教育理論形成的模式：第一卷，從康德到馬克思] Stuttgart-Berlin-Koln-Mainz 1978. Erstes Kapitel: Kant. Die Entdeckung des Begründungszusammenhanges der Pädagogik, 17-49.

BOCKOW, Jörg: Erziehung zur Sittlichkeit. Zum Verhaltnis von praktischer Philosophie und Pädagogik bei Jean Jacques Rousseau und Immanuel Kant. [德性教育：盧梭與康德之實踐哲學與教育學的關係] Frank-furt a. M.-Bern-New York-Nancy 1984.

BOLDRINI, Fazio: Introduzione allo studio della pedagogia di Kant. [康德教育學研究導論] In: Problemi della Pedagogia (Roma) 1, 1957, 44-57.

BOLDRINI, Fazio: Kant e il problema tecnico della pedagogia. [康德與教育技術的問題] In: Problemi della Pedagogia (Roma) 2, 1958, 827-844.

BOLLNOW, Otto Friedrich: Kant und die Pädagogik. [康德與教育學] In: Aph 6, 1954, 49-55.

BROSE, Karl: Philosophie und Erziehung. Pädagogische Implikate in der Philosophie Kants, Diltheys und in der kritischen Theorie der Gesellschaft mit Anmerkungen zu einer kunftigen Pädagogik. [哲學和教育：康德、狄爾泰哲學以及批判社會理論中的教育蘊義兼論未來的教育學] Bern-Frank furt a.M. 1976.

BUNKE, Kurt: Die gesellschaftliche Dimension der Pädagogik Immanuel Kants. [康德教育學的社群面] Univ. Diss.: Kiel 1974.

CALANDRA, G[regorio]: Il programma pedagogico del criticismo kantiano. [康德批判主義的教育計劃] In: Problemi della Pedagogia (Roma) 6, 1956, 435-448.

COMĂNESCU, Ioan: Problematica autoeducaţiei in concepţia pedagogică a lui Immanuel Kant [Die Problematik der Selbsterziehung in der pädagogischen Auffassung Immanuel Kants]. [在康德教育思想中的自我教育問題] In: Lucrăriştiinţifice. Institutul pedagogic Oradea. Seria Pedagogie-psihologie-metodică, 1973, 35-37.

CORDÚA, Carla: Kant y la filosofia de la historia. [康德與歷史哲學] In: Überlieferung und Auftrag. Festschrift für Michael de Ferdinandy zum sechzigsten Geburtstag am 5. Oktober 1972. Wiesbaden

1972, 267-274.

CUNALI, Beatriz: Kant e possibilidade da educação. [康德與教育的可能性] In: Leopoldianum (Santos, Brazil) 5, 1978, Nr. 13, 29-44.

DACAL ALONSO, José Antonio: La filosifia de la educación en Kant. [康德的教育哲學] In : Logos (México) 10, Nr. 4, 1976, 99-114.

DESPLAND, Michel Samuel: The Idea of Divine Education: A Study in the Ethical and the Religious as Organizing Themes for the Interpretation of the Life of the Self in Kant, Schleiermacher, and Kierkegaard. [神性教育的理想：康德、史萊馬哈與齊克果之倫理及宗教作爲解釋自我之生命的組織命題研究] Univ. Diss: Harvard University 1966.

DUNN, Frederick Peter: Kant's Theory of Education as Viewed From His Ethics . [從康德的倫理學觀點看他的教育理論] Univ. Diss : University of Kansas 1979[D.A.I., 40, p. 2536-A; O.N. 7926867].

DEWEY, John: Kant after Two Hundred Years, [二百年後的康德] In: The New Republic Vol.38 (1924.4), 254-256.

FRANKENA,William K.: Three Historical Philosophers of Education. Aristotle-Kant-Dewey. [歷史中的三位教育哲學家：亞里士多德—康德—杜威] Chicago, Atlanta u.a. 1965.

FRANKENA, William K.: Tres filosofias de la educación en la historia. Aristóteles-Kant-Dewey. [歷史中的三

位教育哲學家：亞里士多德—康德—杜威] Übersetzt von Antonio Garzay Garza. México 1965.

FUNKE, Gerhard: Pädagogik im Sinne Kants heute. [康德意義下的今日教育學] In: Kant und die Pädagogik und praktische Philosophie. Hrsg. von Jürgen-Eckhardt Pleines. Würzburg 1985, 99-100.

GAUSE, Fritz: Kant und die Pädagogik. [康德與教育學] In: Deutsche Ostkunde (Hemer) 20, 1974, 44-46.

GINZO, Arsenio: La filosofia de la educación en Kant. [康德的教育哲學] In: RevFil9, 1986, 201-232.

GIRAUD, H[enri]: La pédagogie de Kant. [康德的教育學] In: Société Alfred Binet et Théodore Simon (Lyon). Bulletin 74, 1974, Nr. 541, 260-267.

HOLSTEIN, Hermann: Wesentliche Gedanken in Kants Pädagogik. [康德教育學中的根本思想] In: Neue Wege zur Unterrichtsgestaltung. Praxis der Volks-schule (Bochum) 13, 1962,1-8.

HUFNAGEL, Erwin: Kants pädagogische Theorie. [康德的教育學理論] In: Universität Mainz. Antrittsvorlesungen Bd. I, 1986, 133-154.

HUFNAGEL, Erwin: Kants pädagogische Theorie. [康德的教育學理論] In: KS 79, 1988, 43-56.

KADOWAKI, Takuji: Die Auslegung der Kantischen Pädagogik und deren Probleme [japanisch]. [康德教育學的解釋及其問題（日文）] In: JPS 450, 1957, 232-258.

KAIN, Philip J.: Kant and the Possibility of Uncategorized Experience. [康德與非範疇經驗的可能性] In: IdSt Kant in der gegenwärtigen pädagogischen Theorie. [當代教育學理論中的康德] [Heft3 der

Vierteljahrsschrift für wissenschaftliche Pädagogik, 58. Jg., 1982.]

KOCH, Lutz: Kant und das Problem der Erziehung. [康德與教育問題] In: Vierteljahrsschrift für wissenschaftliche Pädagogik (Bochum) 49, 1973, 32-43.

KRAUTKRÄMER, Ursula: Staat und Erziehung. Begrüdung öffentlicher Erziehung bei Humboldt, Kant, Fichte, Hegel und Schleiermacher. [國家與教育：洪保德、康德、菲希特、黑格爾和史萊馬哈之公眾教育的奠立] München 1979.

LĂCĂYUŞ,Voicu: Eticăşi pedagogie la Immanuel Kant [Ethik und Pädagogik bei Immanuel Kant]. [康德的倫理學與教育學] In: Vatra (Sibiu) 4, Nr. 9, 20. September 1974, 5.

LAPALMA, Oscar G.: Kant y la filosofia de la historia. [康德與歷史哲學] In: Sapientia (Buenos Aires) 35, 1980, 111-148.

MAHR, Herbert: Kant und die gegenwärtige bürgerliche Pädagogik. [康德與當代的中產階級教育學] In: Kants "Kritik der reinen Vernunft " im philosophi-schen Meinungsstreit der Gegenwart. Hrsg. von HansMartin Gerlach und Sabine Mocek. Martin-Luther-Universität Halle-Wittenberg. Wissenschaftliche Beiträge 1982, Nr.10, 314-322.

MALTER, Rudolf: Kantrezeption und Kantkritik in der Pädagogik der Gegenwart [當代教育學中對康德的接受和批判] (zu: Wolfgang Ritzel: Die Vielheit der Pädagogischen Theorien und die Einheit der

Pädagogik). In: KS 61, 1970, 397-410.

MALTER, Rudolf: Kant über Erziehung und Schule. Ansprache bei der Verleihung des Namens "Immanuel Kant-Gymnasium" an das Staatliche Gymnasium (altsprachlich/neusprachlich) in Pirmasens am 18. September 1976. In: Chronik des Staatlichen Immanuel Kant-Gymnasiums Pirmasens. [康德論教育與學校，1976年8月18日Pirmasens公立中學命名爲「伊瑪努爾・康德中學」典禮上的致詞] Documenta 1972-1976. Herausgeber: Verein zur Forderung des Altsprachlichen Gymnasiums Pirmasens e.V., Pirmasens 1977, 9-23.

MARGIOTTA, Umberto: Educazione come formatività universale nella 《Critica del Giudizio》 di I. Kant. [康德《判斷力批判》中之普遍形成的教育] In: Aquinas (Roma) 19, 1976, 25-63.

MENÉDEZ UREÑA, Enrique: Ilustración y conflicto en la filosofia de la historia de Kant. [康德歷史哲學的解說和矛盾] In: Kant después de Kant : En el bicentenario de la Critica de la Razón Práctica.Hrsg. von Javier Muguerza und Roberto Rodríguez Aramayo. Madrid 1989, 221-233.

MERCADO VERA, Andrés: La libertad trascendental y la filosofia de la historia de Kant. [康德的歷史哲學與先驗自由] In: CE 7, 1989, 67-76.

MITZENHEIM, Paul: Kant und die Herausbildung der marxistischen Pädagogik. [康德與馬克思主義教育學的形成] In: WZJ24, 1975, 237-242.

Morales Gorleri de Tribiño, Silvia E.: Alcancey limites de la educación en la filosofia Kantiana. [教育的成效之限制及康德哲學] In: Rivista de Educacion (Buenos Aires-La Plata) 90, 5, 1949, 48-62 u. 6, 1949, 39-54.

MOREAU, Paul: L'èducation morale chez Kant. [康德的道德教育論] Paris 1988. R: B. Kaempf. In: RHPhR 69, 1989, 54; A. Stanguennec. In: RPhFÉ 114, 1989, 233.

MORI, Akira: Eine Studie zur pädagogischen Idee Kants [japanisch]. [康德之教育學觀念的研究（日文）] In: Mosa 4, 1955, 203-357.

ODA, Takeshi: Die Bedeutung des "Charakters" Kants in der Ausbildung der "schönen Seele". [康德在「高尚靈魂」陶冶中的「個性」之意義] Die Aufgabe der Pädagogik in der Menschenreformation [japanisch]. In: JPS 368, 1947, 50-62 und JPS 369, 1947, 47-59.

OELKERS, Jürgen: Die Vermittlung zwischen Theorie und Praxis in der deutschen Pädagogik von Kant bis Nohl. [從康德到諾爾之德國教育學中的理論與實踐的媒接] Eine ideengeschichtliche Untersu-chung. Univ. Diss.: Hamburg 1975.

OPITZ, G[erda]: Kant und die Pädagogik-dargestellt an seinem Verhältnis zum Dessauer Philanthropin. [康德與教育學‥從他與Dessauer的博愛主張之關係討論] In: Wissenschaftliche Hefte der Pädagogischen Hochschule "Wolfgang Ratke" (Köthen) 2, 1975,Nr.10, 63-70.

ORTIZ ARIGOS DE MONTOYA, Celia: Historia de la educación y de la pedagogia. Renacimiento a Kant. [教育史與教育學，康德的復興] La Plata (Universidad Nacional de la Plata, Editorial Facultad de Ciencias de la Educacion) 1968.

PATZIG, Günther: Praktische Philosophie und Pädagogik. [實踐哲學與教育學] In: Kant und die Pädagogik. Pädagogik und praktische Philosophie. Hrsg. von Jürgen-Eckhardt Pleines. Würzburg 1985, 17-36.

PLEINES, Jürgen-Eckhardt: Pädagogik und praktische Philo-sophie. [教育學與實踐哲學] In: Kant und die Pädagogik. Pädagogik und praktische Philosophie. Hrsg. von Jürgen-Eckhardt Pleines. Würzburg 1985, 9-15.

PUCHET, Enrique: La Pedagogia de Kant. [康德的教育學] In: Revista Venezolana de Filosofia (Caracas) 1976, Nr. 4, 85-121.

RIGOBELLO, Armando: La pedagogia di Kant e l'indirizzo idealistico. [康德的教育學與觀念論的潮流] In: Questioni di Storia della Pedagogia. Hrsg.: L'editrice《La Scuola》. Brescia 1963, 277-299.

RITZEL, Wolfgang: Kant und die Pädagogik. In: Pädagogik. [康德與教育學] In: Pädagogische Rundschau. Mo-natsschrift für Erziehung und Unterricht (Ratingen) 18, 1964, 153-167.

RITZEL, Wolfgang: Kant und die Pädagogik [1963]. [康德與教育學] In: Ritzel, Wolfgang: Die Vielheit der pädagogischen Theorien und die Einheit der Pädagogik. Wuppertal-Ratingen-Düsseldorf 1968, 84-104.

RITZEL, Wolfgang: Wie ist Pädagogik als Wissenschaft möglich? Kants Beiträge zur Pädagogik und zu ihrer Grundlegung. [教育學作爲科學的可能?·康德對教育學及其基礎的貢獻] In: Kant und die Pädagogik. Pädagogik und praktische Philosophie. Hrsg. von Jürgen-Eckhardt Pleines. Würburg 1985, 37-45.

ROSAS, Alejandro: El conflicto entre lo racional y lo irracional en los fundamentos de la filosofia de la historia según Kant. [康德歷史哲學之基礎理性與非理性之矛盾] In: Areté 2, 1990, Nr. 2, 261-279.

ROSELER, R.O.: Principles of Kant's Educational Theory. [康德教育理論的原則] In: Monatshefte fur deutschen Unterricht, deutsche Sprache und Literatur (Madison, WI) 40, 1948, 279-289.

RUHLOFF, Jörg: Kant in der gegenwärtigen pädagogischen Theorie. [當代教育學理論中的康德] In: Kant in der gegenwärtigen pädagogischen Theorie. VJWP 58, 1982, 269.

RUVO, Vincenzo de: Significato e valore attuale della pedagogia kantiana. [康德教育學的意義與實際價值] In: Sag 5, 1955, 169-190.

RUVO, Vincenzo de: Il pensiero filosofico di E. Kant ovvero. Problemi di critica kantiana. [康德的哲學思想··康德批判學的問題] Logica, metafisica, moralle ed estetica con un'appendice su significato e valore attuale della pedagogia kantiana. Padova 1969. 關於此書書評有··E. Namer. In: RPhFÉ, Heft 2, 1970, 247; B.G. Cataldo. In: Sapienza (Rom) 23, 1970, 485-487; C. Braciero. In: Pen 28, 1972, 234-235; C.Terzi. In: Rivista Rosminiana di Filosofia e di Cultura (Domodossola-Milano) 66, 1972, 65-69.

SCHURR, Johannes : On the Possibility of a Transcendental Theory of Education. [論先驗的教育理論之可能性] In: IdSt 13, 1983, 120-131.

STRAUSS, Walter: Allgemeine Pädagogik als transzendentale Logik der Erziehungswissenschaft. Studien zum Verhältnis von Philosophie und Pädagogik im Anschluß an Kant. [普通教育學與教育科學的先驗邏輯：根據康德論哲學與教育學的關係] Frank-furt a. M. 1982. 關於此書書評有：J. Schurr. In: Pädagogische Rundschau (Ratingen) 38, 1984, 117-124.

UCKO, Sinai: Kant's Educational Assumptions. [康德的教育設定] In: Iyyun (Jerusalem) 14/15, 1963/64, 385-386.

VOGEL, Peter: Das Kausalitätsproblem bei Kant und in der Erziehungswissenschaft. [康德及教育學中的因果問題] In : Kant in der gegenwärtigen pädagogischen Theorie. VJWP 58, 1982, 296-310.

VOGEL, Peter: Kausalität und Freiheit in der Pädagogik. Studien im Anschluß an die Freiheitsantinomie bei Kant. [教育學中的因果性與自由：根據於康德的自由背反研究] Frankfurt a. M.-Bern-New York u.a.1990.

WEISSKOPF, Traugott: Kant und die Padegogik. [康德與教育學] In: InfPh2, 1974, Heft 2, 2-4.

WEISSKOPF, Traugott: Immanuel Kant und die Pädagogik. [康德與教育學] Beiträge zu einer Monographie. Zurich 1970. 關於此書書評有：H. Oberer. In: WLA 10, 1971, 4; Th. Ballauff. In: KS 62, 1971, 505-507;

H. Oberer. In: AGPh 54, 1972, 310-312; W. Ritzel. In: Erasmus (Darmstadt-Wiesbaden) 24, 1972, 393-397; H. Saner. In: Studia Philosophica 30/31, 1970/71, 350-354; P. Furter. In: RThPh 22, 1972, 294-295; U. Schöttli. In: Schweizerische Monatshefte (Zurich) 52, 1972/73, 131-137. Vgl. Auch M. Forschner. In: PhR 21, 1975, 128-129.

WILLMANN, Otto: Immanuel Kant, Über Pädagogik. Mit Einleitung und Anmerkungen versehen. [康德《論教育》：附導論及註釋] Leipzig 1873, 1875. In: Samtliche Werke. Hrsg. von Heinrich Bitterlich-Willmann, Bd. 2 (1868-1873). Aalen1969, 509-589. [Text der Kantischen Pädagogik ist nicht mitabgedruckt.]

WINKELMANN-JAHN, Renate: Erkenntnistheoretische Grundlagen systematischer Pädagogik in der Philosophie Kants. [康德哲學中有關系統教育學的知識論基礎] In: Vierteljahrsschrift für Wissenschaftliche Pädagogik (Bochum) 53, 1977, 368-381.

WINKELS, Theo: Kants Forderung nach Konstitution einer Erziehungswissenschaft. [康德對建構教育學的呼籲] Jüchen 1984. 關於此書書評有：W. Steinbeck. In: KS 76, 1985, 223-224.

康德年表

年代	生平記事
一七二四	四月二十二日出生於德國。
一七三二	進入腓特烈學院，接受拉丁文教育。
一七三七	母親（一六九七年生）去世。
一七四六	父親（一六八二年生）去世。
一七四〇	進入柯尼斯堡大學。
一七四六	完成第一篇作品《論對活力的正確評價》。
一七五五	出版其第一部重要著作《自然通史和天體理論》。同年取得大學講師資格。
一七六二	發表《三段論法四格的詭辯》。
一七八一	出版《純粹理性批判》。
一七八三	出版《任何一種能夠作為科學出現的未來形上學導論》（未來形上學導論）。
一七八四	出版《關於一種世界公民觀點的普遍歷史的理念》、《回答這個問題：什麼是啟蒙？》。

一七八五	第一本倫理學著作《道德形上學基礎》出版。
一七八六	出版《自然形上學基礎》、《人類歷史開端的推測》。
一七八七	《純粹理性批判》再版。
一七八八	出版《實踐理性批判》。
一七九〇	出版《判斷力批判》。
一七九三	出版《純然理性界限內的宗教》、《論俗語：這在理論上可能是正確的，但不適用於實踐？》。
一七九五	出版《論永久和平》、《道德形上學》。
一七九八	出版《學科之爭》、《實用人類學》。
一八〇〇	由學生聽講筆記，整理而成的康德著作《邏輯學講義》出版。
一八〇三	由學生根據康德在科尼斯堡大學講授「教育學」的教學手稿，整理而成《康德論教育》。
一八〇四	二月十二日，康德去世。

索引

名詞索引

九劃

十劃

十一劃

十六劃

人名索引

經典名著文庫 186

康德論教育

作　　者 —— 康德（Immanuel Kant）
譯　　者 —— 賈馥茗、陳寶山、黃漢昌、游振鵬、吳美瑤
發 行 人 —— 楊榮川
總 經 理 —— 楊士清
總 編 輯 —— 楊秀麗
文庫策劃 —— 楊榮川
副總編輯 —— 黃文瓊
責任編輯 —— 李敏華
封面設計 —— 姚孝慈
著者繪像 —— 莊河源
出 版 者 —— 五南圖書出版股份有限公司
地　　址 —— 臺北市大安區 106 和平東路二段 339 號 4 樓
電　　話 —— 02-27055066（代表號）
傳　　真 —— 02-27066100
劃撥帳號 —— 01068953
戶　　名 —— 五南圖書出版股份有限公司
網　　址 —— https://www.wunan.com.tw
電子郵件 —— wunan@wunan.com.tw

法律顧問 —— 林勝安律師事務所　林勝安律師
出版日期 —— 2013 年 1 月初版一刷
2022 年 10 月二版一刷
定　　價 —— 280 元

國家圖書館出版品預行編目資料

康德論教育 / 康德 (Immanuel Kant) 著 ; 賈馥茗等合譯 . --
二版 . -- 臺北市 : 五南圖書出版股份有限公司 , 2022.10
面 ; 公分 . -- (經典名著文庫)
譯自 : Vorlesungen über Pädagogik
ISBN 978-626-343-275-8(平裝)

1.CST: 教育

520　　111013484